공감으로 소통하는 신은희 멘토의

감성코칭

공감으로 소통하는 신은희 멘토의

감성코칭

ⓒ 신은희, 2016

초판 1쇄 발행 2016년 11월 11일
　　2쇄 발행 2022년 9월 30일

지은이　　신은희
펴낸이　　이기봉
편집　　　좋은땅 편집팀
펴낸곳　　도서출판 좋은땅
주소　　　서울특별시 마포구 양화로12길 26 지월드빌딩 (서교동 395-7)
전화　　　02)374-8616~7
팩스　　　02)374-8614
이메일　　gworldbook@naver.com
홈페이지　www.g-world.co.kr

ISBN　979-11-5982-501-9 (03190)

공감으로 소통하는 신은희 멘토의

감성코칭

신은희 지음

지금이야말로 공감하는 소통으로
위태로운 감정에 감성코칭 필요할 때

이 시대를 살아가고 있는 우리에게 가장 절실한 것은 무엇일까?

' 상처받은 감정을 어루만져 줄 따뜻한 위로가 필요하
지 않은가? 또 유쾌한 관계, 상쾌한 감정, 통쾌한 소
통을 이어가며 자신의 역량을 성공적으로 펼쳐나가
행복한 삶을 이끌어가고 싶지 않은가? "

좋은땅

지금이야말로 공감하는 소통으로 위태로운 감정에 감성코칭 필요할 때

'지금 이 시대를 살아가고 있는 우리에게 가장 절실한 것'은 무엇일까? 여러 가지 것들이 있겠지만, 아마도 마음의 상처로 아파하고 있는 우리 주위의 많은 이들이 가장 필요로 하는 것은 따뜻한 위로가 아닐까? 그리고 그 위로는 형식과 틀을 벗어나 가식과 체면을 넘어서 역지사지로 공감하고 자유롭게 소통하며 진심어린 격려가 담겨 있어야 힘이 되지 않을까?

요즈음 우리 사회는 여기저기서 힘겨워하고 고통받는 이들이 너무 많다. 서로 믿지 못하고 경계하는 것을 넘어 의심과 비난이 가속화되면 무차별 공격으로 표출되기도 하고, 재난상황이 아니더라도 마치 헐벗은 듯 춥고 외로운 이들이 있으며, 전쟁터가 아닌데도 공포와 불안을 느끼기도 한다. 군중 속에 있어도 무인도에 서 있는 것 같기도 하고, 대낮인데도 캄캄한 밤인 듯 막막하기도 하다. 최근 우리 사회는 넘치는 실력과 스펙을 과잉양성해놓고 상황에 맞는 환경과는 동떨어지게 주어지는 현실 속에서 방황하는 이들, 과도한 경쟁과 성공의 가도를 질주하듯 달려오다 자신도 모르게 막다른 절벽에 선 입장이 되어버리거나 그럴 기회마저도 없이 저 건너편 혹은 저 아래서 외마디 신음소리마저 내지 못하는 이들이 있기도 하다. 그뿐인가? 정치, 경제, 사회 각 분야에서 벌어지는 상상 밖의 사건사고들을 겪으며 우리는 안타까움을 넘어 망연자실해 분노가 극에 달해 있다고 해도 과언이 아니다. 이제 더 이상 이대로 방치하다가는 인간다운 삶으로 행복하게 살아가기 어려운 사회가 되지 않을까 걱정하는 것은 비단 필자만이 아닐 것이다. 도대체 왜 여기까지 왔는가? 그렇다고 사회가 변화하고 회복되기만을 마냥 기다리고 있을 수는 없지 않은가? 어떻게 하면 한 개인이라도 좀 더 인간성을 회복하며 더불어 살아가는 따스하고 안락한 사회를 만들어 가볼 수 있을까? 그 방법을 찾아야 되지 않겠는가?

잠시 멈추어 서보자. 머릿속과 가슴속에 꽉 들어찬 생각들을 비워내고 정리해보자. 너무 많이 들어차 여기저기 구겨 넣어진 채로 갈 길을 잃은 우리의 지식 창고와 이성적 사고들을 수납 정리하듯 리셋팅 할 필요가 있다. 엉킨 것은 풀어내고 찢긴 것은 꿰매고 구겨진 것은 다려보자. 그리고 그 속에 골골이 숨겨져 있는 감정적 상처와 흉터를 어루만져보자. 시원하게 펼쳐내고 따스하게 매만져서 편안하게 담아보자. 그렇지 않으면 우리는 여기서 앞으로 더 나아가기 어렵다. 아니 나아가더라도 상처투성이의 고통을 더 겪어야 할지도 모른다. 서로 믿고 더불어 살아가는 행복한 사회에서 만족하며 살아가려면 반드시 필요한 것이 인간성을 회복하는 일이다. 잃어버린 인간 본연의 한쪽 본성인 감성을 지금 찾지 않으면 지나치게 커져버린 이성이 균형을 찾지 못해 흔들거리게 된다. 그동안 우리는 너무 이성적 분야의 발달에 치중해오지 않았던가? 얼마 전 있었던 인공지능 알파고와 인간지능 이세돌이 펼친 세기의 대국에서 우리는 스스로 위기감을 느끼면서 알파고에는 없는 감성을 가진 이세돌을 응원하지 않았던가?

지금은 일등 하는 사람보다 리더십을 가진 사람, 지위가 높은 사람보다 관계능력이 좋은 사람, 성과를 많이 내는 사람보다 인정받는 사람, 지식이 많은 사람보다는 전달력이 좋은 사람, 실력이 높은 사람보다는 함께 협업할 수 있는 사람이 필요한 시대다. 즉 이성적인 요인들이 넘쳐나는 사람보다는 거기에 지친 이들을 위로하고 북돋아줄 수 있는 감성적인 요인을 많이 가진 사람이 성공한다. 리더십과 관계능력, 전달력과 협업으로 인정받는 사람은 감각적 요소를 잘 활용한다. 그런 이들은 감각적 요소인 감성으로 인간의 감정에 다가가고 그것을 움직일 줄 안다. 인간은 오감을 통한 감각적 특성에 기인한 감성으로 인해 감정이 만들어진다. 어떤 것을 결정하고 판단할 때는 바로 대부분 그 감정이 작용하게 되므로 사람의 마음의 문을 열고 움직이고 얻고, 사로잡을 수 있는 것이다. 이제 '무엇을 하느냐'는 이성적 측면보다는 '어떻게 하느냐'는 감성적 측면의 중요성이 훨씬 더 강조되는 시대다.

필자는 2년 전 첫 번째 저서인《사람의 마음을 사로잡는 감성소통》에서 사람이 살아가려면 감성으로 소통해야 한다는 것을 개인과 리더, 그리고 조직이라는 측면에서 간단하게 다뤘었다. 그리고 이번에 출간하는 두 번째 책에서는 감성과 감정에 대해 좀 더 구체적이고 현실에 맞는 이야기들을 각각의 상황에 비추어 읽는 이들에게 실제적인 도움이 되도록 했다. 그리고 두 저서 모두 '이론서'라기보다는 그때그때 생활에 적용하기 쉽도록 엮은 '실용서'에 가까우므로 누구나 어렵지 않게 읽고 실천할 수 있을 것이다.

　이 책은 총 4장으로 구성되어 있는데, 먼저 제1장에서는 원만한 인
간관계와 수월한 의사소통을 위해 필요한 요소들을 멘토로서 코칭하
는 주제들이다. 제2장에서는 분노하는 감정을 어루만지고 치유하기
위한 감정코칭을 상황별로 제시했으며 제3장에서는 좀 더 독자들의
현실로 들어가 인생주기 속에서 찾아낸 상처받은 감정들을 꺼내보고,
평온한 감정으로 전환될 수 있도록 했다. 끝으로 제4장에서는 치유된
감정으로 힘을 얻은 개인이 자신감 있고 당당하게 행복한 삶으로 나
아가기 위해 필요한 퍼스널브랜딩 요소를 갖춰 인생을 셀프마케팅 할
수 있는 감성코칭을 다뤘다.

　특히 이 책의 구성상 특징은 각각의 주제가 끝날 때마다 [신은희 멘
토의 감성코칭]편이 들어있다. 이는 작가가 독자에게 본문 내용과 관
련된 몇 가지 질문을 함으로써 지면을 통한 코칭을 하고 있다. 독자는
그냥 읽고 지나가는 것에서 한 걸음 더 나아가 자신의 입장과 상황에
맞춰 마치 작가에게 직접 감성코칭을 받는 효과를 체험할 수 있다.

　그러므로 단지 읽는 것으로 만족하지 말고, 각 주제마다 필자가 제

안하고 있는 감성코칭을 하나하나 실행해보자! 보다 유쾌한 관계, 상쾌한 감정, 통쾌한 소통을 체험할 것이며, 자신의 역량을 성공적으로 펼쳐나가 행복한 삶의 주인공이 될 것이다.

감성코치, 휴먼비즈에듀컨설팅 대표 신은희

목차

제1장

관계와 소통을 위한 멘토링

살아남으려면 소통하라

'살아남기 위해 소통하라'는 말을 바꿔보면 '소통하지 않으면 살아남지 못한다'가 된다. 우리는 이것을 최근 여러 가지 상황을 겪으면서 자연스럽게 체험하게 됐다. 이제 사회 속에서 살아가려면 무엇보다 소통하려는 노력과 그 능력의 정도가 생존을 위한 필수전략이라고 하겠다.

우수한 아이디어와 생산기술을 가지고도 소비자와 원활히 소통하지 못해 마케팅에 실패한 창업주들이 기업생태계에서 사라져버리거나, 고객과의 눈높이 소통을 소홀히 하고 자만에 빠진 중견기업들이 경영능력의 한계에 달해 존폐위기에 놓이는가 하면, 이미 글로벌 연결고리가 쳇바퀴처럼 맞물려 돌아가는 세계정세와 경제의 흐름 속에서 긴밀하고 민첩하게 소통하지 못한 채 방만하고 나태한 자세로 버텨오다가 하루아침에 벼랑 끝으로 내몰린 해외수출기업들이 그렇다. 살아 숨 쉬는 생명체가 호흡하듯이 끊임없이 소통해야 함을 잊은 결과다.

조직도 다를 바 없다. 조직원들의 욕구를 무시한 채 몇몇 사람의 의지대로 이끌어 가는 조직문화는 분열되고 병들어 와해의 길로 접어들게 된다. 그 좋은 예로서 지난 총선에서 나타난 각 정당의 선거 과정과 결과가 그 면면을 확연히 보여주고 있다. 무소불위의 권력만을 믿고, 그들만의 생각대로 밀고 나가서는 결코 안 된다는 것을 증명해 준 것이며, 정당의 간판이나 이름값보다는 생존하려는 치열한 몸부림으로 민심과 소통하려고 노력한 정당과 후보들이 상당수 살아남았다. 낮은 존재감으로 시작했지만, 꾸준히 성실하게 주민 곁에서 귀 기울이고 공감해 주는 후보, 오랜 경력자라도 보다 낮은 자세로 진심을 전달하는 소통으로 지속적인 신뢰를 얻어 온 이들이 이변을 일으키며 생존하지 않았는가? 그들 자신 또한 앞으로도 살아남으려면 멈추지 말고,

필사적으로 소통해야 함을 절실히 깨달았을 것이다.

그런 의미에서 이제 소통은 일방통행하듯이 상대방의 상황을 고려하지 않은 채 자신의 생각과 목적만을 쏟아내는 정신적, 심리적 배설(excretion) 수준에 머물러서는 안 된다. 또 단순히 언어나 몸짓, 그림, 기호 따위의 수단을 통해 서로의 의사나 감정, 생각을 주고받는 교통(communication) 단계도 넘어서야 한다. 진정한 소통은 마치 생존하기 위해 인체 곳곳에 분포된 다양한 감각수용체가 외부의 자극을 감지하고 전달하듯이 서로 다른 의견과 욕구를 제대로 인식하고 공감할 수 있는 개방적이고 수용적인 태도가 바탕이 되어야 한다. 그리고 그 자극을 분석하고 통합한 결과에 적절하게 반응하며 항상성을 유지해가는 신체의 유기적 시스템처럼 촉진(facilitation) 단계로 발전시켜나가야 한다. 그렇게 현재의 관계와 소통 시스템을 강화하고 더 발전적인 새로운 체계를 개발해야만 한다. 그래야 살아남을 수 있다.

이전에도 우리 사회에서 소통능력은 그 필요성과 중요성이 무수히 강조되어왔다. 그러나 불행히도 오랫동안 반복되는 시행착오를 거치며 수많은 소중한 것들을 잃고 나서야 된서리를 맞은 듯 소통의 물꼬를 트는 모양새다. 하지만 소통 코스프레를 연출해서는 결코 안 될 것이다. 진심을 담지 않은 표면적이고 형식적인 쇼에 불과한 소통흉내는 오히려 사태를 악화시킬 뿐이다. 내, 외부고객을 속이거나 무시한 대기업 오너 일가들의 가식적 사과나 꼼수는 결국 더 화를 불러일으켜 불신을 조장하거나 영원히 등을 돌리게 만든다. 또 정계의 소통행태를 말없이 지켜보면서 판단하고 행동하는 유권자들은 이미 그 정치와 정치인들의 수준을 몇 발자국 앞서있다고 해도 과언이 아니므로 단지 허리 굽혀 인사하고, 웃으며 악수하는 사진만으로는 이제 통하지 않는다. 또 소통의 장에서마저도 권위를 내세운 고압적 훈육 태도로 일방적 자기주장과 아전인수식 해석을 나열한 연설문 낭독방식을 고수한다면 생존의 길에서 점점 멀어지는 쇠락의 길을 걷는 것이다. 그것은 진정한 소통이 아니므로 살아남기 어렵지 않겠는가?

이는 조직이나 기업, 정치에서뿐만이 아니다. 가족이나 연인, 친구 등 지극히 개인적인 관계라 해도 오래 이어나가고 함께 행복하기를 원한다면 살아남고자 하는 진심이 담겨 있고 적극적인 소통이 필요하다.

✻ 신은희 멘토의 감성코칭 ✻

"당신은 소통이 왜 필요하다고 생각하시나요?"

-

"당신은 소통을 위해 어떠한 노력을 기울여 보았나요?"

-

"당신이 소통을 위해 기울인 노력은 어떤 효과가 있었나요?"

-

"당신에게서 가장 문제가 되는 소통의 장벽은 무엇이라고 생각하나요?"

-

"당신이 소통을 위해 앞으로 해야 할 노력은 무엇인가요?"

–

인간관계의 적당한 거리

'멀리서 바라보면 울창한 나무가 빽빽이 가득 찬 듯하지만, 건강한 숲일수록 가까이서 보면 나무와 나무 사이에는 적당한 간격이 있다' 고 한다. 수목의 종류에 따라 자연스럽게 서로 뒤엉키지 않고, 생존과 성장에 필요한 적절한 햇빛과 영양분을 흡수하며 편안히 호흡할 만큼의 거리가 잘 유지되고 있다는 것이다. 어디 숲뿐이겠는가? 동물은 물론이고, 사람과 사람 사이에도 건강한 관계가 잘 형성되고 유지되려면 적당한 거리가 필요하지 않겠는가?

미국의 문화 인류학자 에드워드 홀(Edward T. Hall)은 그의 저서《숨겨진 차원》에서 프로세믹스(proxemics) 즉, 인간의 공간사용법에 대해 4가지 유형을 제시했다. 그것은 밀접한 거리, 개인적 거리, 사회적 거리, 그리고 공적인 거리다. 물론 그 거리를 감지하는 감각적 변화는 개인의 성격과 환경, 문화에 따라 다소 차이는 있다고 한다. 그러나 서로 불편하지 않으면서도 친밀감을 형성하는 인간관계에서의 거리의 미학은 그리 크게 다르지 않을 것이다. 그래서 그가 제시한 4가지 차원의 관계의 거리 유형에 대해 소개하고자 한다.

먼저 밀접한 거리(Intimate Distance Zone)는 0~46㎝ 미만으로 촉감이 소리보다 우선 자각되는 거리다. 그러므로 언어보다 촉각, 후각 등의 감각이 소통수단이 되며, 가족이나 연인처럼 서로의 친밀도가 가장 높은 관계에서의 거리다. 따라서 그렇지 않은 관계임에도 불구하고 이 정도 거리로 좁혀지면 움츠러들고 긴장하며, 불안해하면서 위협으로 받아들여질 수도 있다. 즉 자기방어를 위한 최소한의 거리이므로 함부로 침범해서는 안 된다.

그리고 개인적 거리(Personal Distance Zone)로 46㎝~1.2m다. 팔 길이만큼의 거리로 손을 내밀면 닿을 수도 있는 작은 보호영역이다. 그러나 접촉보다는 주로 대화로 의사소통하며, 친한 친구나 잘 아는 사람들 사이의 일상적 대화의 간격으로 공식과 비공식의 경계지점이다. 적당한 친밀감과 어느 정도의 격식이 필요한데, 좀 더 친밀감을 높이려면, 가벼운 스킨십이나 조용한 목소리로 다가갔을 때 당황하지 않고, 편안해 한다면 호감의 표시이기도 하다. 그러나 상대방의 반응을 살피면서 거리를 좁혀가야 관계에 무리가 없게 된다.

다음으로 사회적 거리(Social Distance Zone)는 1.2m~3.6m로 지배의 한계를 넘어선 거리다. 여기서는 비개인적인 업무가 행해지는 거리로 사무적, 공식적 성격을 띠며, 소통의 통로는 촉각이나 후각보다는 시각적 요소와 다소 커진 목소리가 사용된다. 그러므로 사적인 질문이나 스킨십이 허용되지 않기 때문에 대화에도 격식을 갖추는 예의가 요구된다. 사무실이나 넓은 공간에 놓인 탁자를 사이에 둔 소그룹의 회의나 모임 등이 여기에 속한다.

끝으로 공적인 거리(Public Distance Zone)는 3.6m~7.5m인데, 이는 개인과 대중의 형식적 접촉의 경우로서 좀 더 과장된 목소리 외에도 몸짓이나 자세 등 비언어적 의사전달수단이 필요하다. 교사와 학생, 연극배우나 가수, 강사와 청중 사이의 연설이나 강의 등에 유지되는 거리가 여기에 속한다.

 이렇듯 개개인 간에는 관계와 상황에 따라 감각적 변화를 감지하고 반응할 수 있는 적절한 넓이의 완충지대가 필요한데, 너무 가깝거나, 반대로 너무 멀어지면 그 관계가 손상될 수 있다. 즉 스트레스가 가해져 부적절한 행동, 관계, 감정표출을 강요받는다고 한다. 그러므로 관계의 양과 질을 잘 유지, 증진시키려면 상호 간에 서로 어떤 관계인지, 어떻게 느끼는지, 무엇을 하고 있는지를 잘 파악하고 인지해서 상황에 맞는 적당한 거리를 적용해야 하겠다.

 "지금 함께 있는 사람과는 어떤 관계입니까? 그리고 그와의 거리는 어느 정도입니까? 그렇다면 그 거리는 서로의 관계에 적당합니까?"

⁎ 신은희 멘토의 감성코칭 ⁎

"당신은 인간관계에서 왜 적당한 거리가 필요하다고 생각하나요?"

　-

"당신이 인간관계에서 적당한 거리를 유지하기 위해 기울인 노력은
무엇인가요?"

　-

"인간관계에서 적당한 거리를 유지하기 어려운 이유는 무엇일까요?"

　-

"인간관계의 적당한 거리를 위해서 앞으로 당신은 어떤 방법을 사용
할 계획인가요?"

　-

열등감과 우월감

"이제까지 배우를 할 수 있었던 것은 열등의식 때문인 것 같아요"라며 초로의 여배우가 어느 인터뷰에서 이렇게 고백한다. 그녀는 또 데뷔 때부터 목소리나 외모에 콤플렉스가 있었고, 사람들이 '쟤는 안 된다'고 했었던 것을 극복하기 위해 애를 써서 지금까지도 하고 있는 것 같다고도 말한다. 이는 열등감에 대한 긍정적인 태도의 결과로 나타난 바람직한 보상이 그녀의 삶 속에서 관계와 소통을 이루는 힘이 된 것이다.

심리학자 아들러(Adler)는 '열등감'을 인간의 성장 과정 중 어떤 측면에서든 누구나 느낄 수 있는 보편적이고 정상적인 것일 뿐 아니라 창조성의 원천이라고도 했다. 즉, 긍정적인 측면에서 보면 열등감은 이를 극복해 나가는 과정을 통해 자신에 대한 '삶의 목표'를 세우는 동기가 되기도 하고, 더 높은 수준으로의 발전을 이루며 자기완성을 위한 필수요인이다. 그런데 이때 발달시킨 행동이나 습관, 사고, 감정 등의 생활양식은 성격유형으로 나타나게 되며 이는 개인이 사회 속에서 살아가며 이루는 인간관계와 소통방식으로 작용하게 된다.

그러나 지나친 열등감을 가지거나 극복을 위한 노력에도 불구하고 그에 대한 충분치 않은 사회적 보상은 결국 '열등감 콤플렉스'를 낳는다. 이는 개인에게 많은 심리적 어려움을 가져와 다양한 부적응의 형태와 정신장애 등으로 문제가 되기도 한다. 이렇게 열등감을 극복하지 못하고 사로잡히게 되면 결국은 참기 힘든 '열등감 콤플렉스'에 빠지게 되는데, 이 콤플렉스를 은폐하기 위해 반대로 허세를 부리는 '우월감 콤플렉스'까지 나타나기도 한다. 열등감에 대한 부정적 작용의 결과로 바람직하지 못한 인격형성이 이뤄지는 것이다.

이런 우월감은 열등감을 극복하려는 강한 시도로 볼 수 있는데, 자신이 타인에 비해 탁월한 능력과 자질을 가지고 있다고 생각해 자기

중심적 사고방식을 지니고, 불필요한 교만과 위세를 부리며 강압적 태도를 취하기 때문에 자기 안에 갇혀 고집스럽고 왜곡된 인격으로 고착되기 쉽다. 시기와 질투, 공격이나 비난, 멸시와 조롱 등 소통에 치명적 장애물이며, 장벽이 되는 행동으로 긍정적 관계 형성을 가로막는 저해요인이 된다.

이처럼 열등감과 우월감은 마치 동전처럼 양면의 특성을 지니고 있는데, 그렇다면 사람들은 어떤 면에서 그런 느낌을 가지게 될까? 예를 들면, 외모나 성격, 학력, 재능, 직업, 재산 등 개인적인 특성이나 가족, 부모의 재력, 인맥 등 신체적, 심리적, 정서적, 또는 사회문화적으로 다양한 원인에서 비롯된다고 한다. 유전이나 환경, 상황, 어느 측면에서도 가능하다.

불완전한 사회 구조 속에서 수없이 변화를 거듭하며 역동적 관계를 이루고 살아가는 이 시대의 우리야말로 자신도 모르게 자리 잡은 열등감이나 우월감이 있는지 성찰해볼 필요가 있다. 겉으로는 현실에 적응하며 별문제 없이 지내는 것처럼 보이더라도 사실은 무기력하고 냉담하게 체념한 상태로 표면적인 관계와 소통으로 살고 있을 수도 있고, 의기소침하고 우울한 상태로 문을 닫고 갇힌 채로 현실을 회피하고 있을지도 모른다. 또는 차오르는 분노를 조절하지 못하고 화를 키워서 배설하듯 폭발해버리는 습관으로 인해 억압과 오만의 지배적 성격으로 타인에게 상처와 고통을 주며 살아가고 있을 수도 있다. 통찰이 필요한 이유다.

　사람 속에서 함께 어울려 살다 보면, 자신의 의지와 상관없이도 어느덧 남과 비교하게 되고, 때로는 비교되는 자신의 모습을 발견한다. 그러면서 필연적으로 따라오는 열등감, 그리고 우월감도 맛보게 된다. 당연하고 자연스러운 일이다. 이제 굳이 부정하거나 외면하지 말고 억지로 위장하지도 말자. 차라리 그것을 인정하자. 더 나아가 긍정적으로 극복하며 무리 없는 소통으로 관계를 맺고 조절해 가는 것이 진정한 인격의 성장이요, 자기완성이 된다.

⁎ 신은희 멘토의 감성코칭 ⁎

"당신에게 만약 열등감 콤플렉스가 있다면 무엇인가요?"

–

"당신에게 존재하는 우월감은 어떤 것들인가요?"

–

"당신에게 관계와 소통을 저해하는 열등감은 무엇인가요?"

–

"당신에게 관계와 소통을 저해하는 우월감은 무엇인가요?"

–

"당신은 열등감을 극복하기 위해 어떤 노력을 해보았나요?"

–

"당신은 우월감을 극복하기 위해 어떤 노력을 해보았나요?"

–

자기이해와 타인이해

'네가 나를 모르는데 난들 너를 알겠느냐'라는 대중가요 가사가 있다. 그렇다. 우리는 서로를 잘 알지 못한다. 안다고 하지만 사실은 잘 모르고 있기도 하며, 알려고 하기는커녕 자기 자신에 대해서도 잘 알지 못하는 경우도 많다. 그렇게 자신뿐 아니라 타인에 대해 잘 이해하지 못하면 서로 간의 관계와 소통에는 많은 오해와 장벽이 생길 수밖에 없다.

즉, 원만한 인간관계와 효과적인 의사소통을 위해서는 자기이해와 타인이해로 상호작용을 증진시켜 나가야 한다. 자신에 대한 진정한 이해와 있는 그대로의 긍정적 수용자세는 나아가 타인에 대해 이해의 폭을 넓히고, 보다 관대한 태도형성을 위한 매우 중요한 출발점이다.

이를 미국의 심리학자 조셉과 하리는 '조하리의 창'에서 '마음의 문을 여는 창'이라고 했다. 네 개의 창은 자신이나 타인이 '나'에 대해서 어느 정도 알거나 혹은 모르는지에 따라 창의 크기가 구별되는데, 자기주장형과 신중형도 있지만, 개방형과 고립형이 대표적이다.

개방형은 자신도 알고, 타인도 아는 '나'로서 이 창문이 클수록 서로 공감대 형성과 상호작용이 활발히 이뤄지므로 관계와 소통이 증진되게 된다. 하지만 반대로 자신도 모르고 타인도 모르는 '나'인 미지의 창문은 넓을수록 타인과의 공감과 소통에 어려움을 겪어 대인관계에 소극적인 고립형이 된다. 이런 경우는 그대로 두면 점점 더 소통을 회피하거나 은둔하게 된다. 그러므로 이미지의 창을 줄이고, 개방된 창을 크게 하려는 노력이 필요하다.

종종 우리는 자신의 행동과 매우 비슷한 사람을 비판하고 분노를 느낀다. 이는 자신에 대해 돌아보지 못해 부족한 자기이해로 나타나는 현상이거나 또는 자신에 대해 알면서도 부정적인 측면을 인정하지 않거나 감춰두고 행동하기 때문이다. 그렇게 낮은 자아 존중감은 우울증 등의 심리적 장애를 가져오며, 또한 자기부정은 곧 타인부정으로 이어지기 쉽다.

그렇다면 자기이해는 어떤 방법으로 가능한 것일까? 먼저 '있는 그대로의 자신에 대한 이해'가 중요하다. 긍정적인 눈으로 자신의 감정, 사고, 판단 등의 심리적 특성 등을 인식하고, 그에 대한 욕구나 능력, 행동양식에 대해 왜곡 없이 객관적으로 바라봐야 한다.

그리고 이렇게 이해한 자신에 대해서 알리는 자기개방은 생각만으로 그쳐서는 안 되며, 꾸준히 실천하는 노력이 필요하다. 그 방법은 자신의 생각과 감정, 또는 어떤 구체적 사실이나 행동, 자신의 소망을 말하는 것이 좋고, 상대방의 이해를 돕기 위해서는 언어적, 비언어적인 다양한 표현과 함께 오감을 통해 감성적으로 전달하려는 적극적인 자세도 효과적이다.

이렇게 자기이해를 통한 자기개방은 타인의 반응, 즉 피드백을 통해 타인이해까지 가능해진다. 물론 타인도 진정한 자기이해가 이뤄져 있으면 서로의 관계와 소통이 더 효율적이겠지만, 꼭 그렇지 않다고 해도 괜찮다. 왜냐하면 이미 자기개념과 자아존중감이 올바로 형성돼 있기 때문에 타인에 대해서도 있는 그대로를 긍정적으로 바라볼 수 있고, 배려와 수용의 자세를 가지게 되므로 관계를 망치거나 소통을 가로막는 곤란한 상황을 만들지 않게 된다.

 우리는 매 순간, 어떤 장소, 어떤 상황, 어떤 관계로 타인과 마주하게 된다. 그리고 그 만남이 의미 있게 이어져 보다 더 가치 있는 삶으로 발전하기를 원한다면, 먼저 자기이해부터 다시 시작해봐야겠다. 그리고 이런 탐색을 통한 자기이해는 타인이해의 폭을 증가시켜 보다 관대해질 수 있으므로 매끄러운 관계 형성을 위한 윤활유처럼 수월하게 작용할 뿐만 아니라, 한 걸음 더 다가서는 소통을 위한 단단한 지팡이처럼 큰 힘이 되어 줄 것이다.

"당신은 자신에 대해 이해하려고 해 본 적이 있나요?"

-

"당신은 자신이 어떤 사람이라고 생각하나요?"

-

"당신은 자신에게서 부족한 점은 무엇이라고 생각하나요?"

-

"당신은 타인을 이해하기 위해 어떤 노력을 해 보았나요?"

-

이성과 감성

'서류심사에는 항상 쉽게 통과하는데 면접만 보면 매번 탈락한다'라고 고민을 호소하는 취업준비생을 종종 만난다. 이런 상황을 겪는 이들은 인간관계에도 점점 자신감을 잃고, 시간이 흐를수록 사람을 만나는 것조차도 두려워진다고 한다. 그러다 보면 소통에 어려움을 겪게 되고, 심각한 대인기피증 같은 관계능력 결핍으로 이어져 사회생활이 곤란해지기도 한다.

'인사담당자 81%가 직원채용 시 첫인상을 고려한다'거나 '84.2%

가 외모, 복장 등 겉으로 보여지는 모습이 면접평가에 영향을 미친다',
'74.8%가 면접 시 태도 때문에 탈락시킨 경험이 있다' 등은 여러 취업
포털 사이트들이 발표한 기업의 직원채용이나 면접 등 인사를 담당하
는 전문가들을 대상으로 조사한 결과다. 최근 면접컨설팅 열풍도 여
기에서 기인한다.

필자도 이런 경험이 있으며, 실제로 면접 시 태도를 상당히 중요시
여긴다. 잘 갖춰진 서류의 내용도 중요하지만, 그 서류를 인증할 살아
움직이는 사람을 보고 결정한다는 얘기다. 왜냐하면 일은 서류가 하
는 것이 아니라 사람이 하는 것이며, 조직 속에서 그 사람은 또 다른
사람들과 함께 어울리고 지속적으로 협력해 나가야 조직의 목표를 달
성하기 때문이다.

이렇게 스펙이나 자기소개서를 통한 서류심사가 이성적 측면에 좀
더 치우친 평가라고 한다면, 서류가 아닌 실제 조직에서 업무를 수행
할 대상을 직접 보고 듣고 느낄 수 있는 면접심사야말로 감성적인 측
면에 더 큰 비중을 둔 것이라고 하겠다. 그래서 어느 한 측면에 치우치
기보다는 두 가지 측면이 다 중요하겠지만, 최종적으로 결정적인 순
간에 작용하는 힘은 감성적인 부분이 점점 더 커져가고 있는 것이 요

즈음의 현실이다.

이런 경향은 그동안 축적되어 온 사회적 경험의 누적된 결론에서 얻어진 필연적 흐름이라고 볼 수 있다. 다시 말해 급속하게 발달해 온 산업사회의 기계적 문명 발달과정에서 지나치게 강조되어 온 과학적이고 이성적인 측면에서 능률의 한계와 부작용을 낳게 되자, 인간의 본성과 행복감을 찾으려는 노력에서 비롯된 감성적 측면의 중요성이 점차 더 부각되는 것은 어쩌면 인간사회에서 일어나는 지극히 당연하고도 자연스러운 현상이다.

그렇다면 개인의 역량이 사회 속에서 충분히 발휘되려면 어떤 요소가 필요할까? 그것은 아마 다양한 분야의 환경과 상황을 막론하고 누구든 반드시 관계능력을 갖춰야 할 것이다. 즉 직무수행능력은 함께 업무를 추진해나가는 사람들과의 지속적인 관계유지 및 향상을 통해 보다 효율적인 성과를 이뤄내게 된다. 그리고 그 관계능력을 증진시켜주는 소통능력은 감성적 요소로 소구할 때 더 큰 효과를 가져온다. 이는 부인할 수 없는 불가분의 함수다.

물론 이성적인 면을 배제해야 된다는 말은 아니다. 오히려 감성적인 면에 너무 치우치는 것도 경계해야 할 것이다. 다만 합리적, 객관적, 분석적, 이론적, 구체적, 계획적인 좌뇌적 사고의 틀에 고정되지 말고, 정서적, 직관적, 본능적, 통합적, 이상적, 충동적인 우뇌적 판단을 무시하거나 가볍게 여겨서는 안 된다는 것이다. 감성은 인간의 본성을 깨우는 촉매다.

심리학자 다니엘 골먼도 인간은 이성에 호소하는 경우보다 감성에 호소할 때 20%:80% 정도로 후자 쪽에 더 많이 의존한다고 했다. 인간이 무엇을 선택하고 결정하며 행동할 때 감성적으로 인지하고 판단하는 비율이 훨씬 더 크다는 것이다.

이제부터 '업무는 이성적으로, 소통은 감성적으로'라는 말을 기억하고 실천해보자. 어디에서 누구와 함께 무슨 일을 하든지 이성적 사고와 감성적 행동의 적절한 조화로 관계와 소통에 즐거움을 더해가자. 능력보다 호감으로 다가갈 때 마음의 문은 더 쉽게 활짝 열린다.

⁎ 신은희 멘토의 감성코칭 ⁎

"당신이 중요하게 여기는 이성적 측면은 어떤 것들이 있나요?"

-

"당신이 감성적으로 행동한다면 어떤 것들이 있나요?"

-

"당신은 관계형성을 위해 사용하는 이성적 측면은 무엇인가요?"

-

"당신은 관계형성을 위해 사용하는 감성적 측면은 무엇인가요?"

-

감성과 감정

　“아름다운 경치를 보고 있으니 마음이 즐겁다”거나 “두통이 지속되니 기분까지 우울하다” 등의 표현은 감성(感性)과 감정(感情)을 구분하기에 좋은 예다. 어떤 상황이 오감(五感)을 통해 수용되고 감지하는 능력인 감성과 그 감성에 따라 달라지는 희로애락(喜怒哀樂) 같은 기분이나 정서 등의 느낌을 감정이라 하는데 이 둘은 서로 불가분의 관계다.

　그런데 감성은 개인차가 커서 똑같은 상황이나 자극이라도 사람마다 다르게 받아들여지기 때문에 감정의 상태도 달라진다. 그리고 원활한 인간관계와 적극적인 의사소통이 필요할수록 감성과 감정은 세트처럼 함께 작용해야 더 효과적인 힘을 발휘할 수 있다.

즉, 시각, 청각, 후각, 미각, 촉각, 압각, 통각 등의 감각 수용기를 통해 감성이라는 통로로 유입된 내, 외부의 여러 자극들이 감정을 생산하고, 그 감정에서 일어나는 반응은 다시 감성이라는 출구를 통해 걸러주고 순화시켜 표출하게 될 때 원만한 관계와 소통을 이룰 수 있다. 그래서 '감성이 예민하다', '감성이 풍부하다' 등의 표현은 감수성이 높다는 의미로 그만큼 감정의 폭이나 깊이도 더 넓어지고 깊어지기 마련이다.

물론 여기에는 감성과 상반된 이성(理性)의 합리적이고 냉철한 통제와 균형, 그리고 지식과 정보를 바탕으로 깨닫는 힘인 지성(知性)이 더해지기도 한다. 그러나 감정의 상태가 극에 달했을 경우에는 그런 이성과 지성의 작용이 채 미치지 못할 때가 많은데, 감성이라는 완충대가 없이 민낯의 감정적 코드가 상대방과 맞닿아버리면 서로 충돌하고 폭발해 걷잡을 수 없는 상황에 놓이게 된다.

그래서 감성적 코드로 안전하게 연결돼야 한다. 너무 뜨거워 화상을 입히거나 너무 차가워 얼어버리지 않게 해야 한다. 인간은 객관적 사고의 이성이나 절제 가능한 지성보다는 본능이나 욕구 같은 감정에 더 가까이 있으므로 쉽게 감정을 드러내게 되는데, 이때 감정이라는 알맹이를 보호하듯 에워싸고 있는 포장지 같은 감성을 통해 전달되는 것이 바람직하다.

또 감성이 풍부한 사람은 그렇지 못한 이들이 보고 듣고 느끼지 못하는 부분이나 영역들까지도 발견하고, 거기서 새로움을 창조해내는 창의성이나 기획력, 실천력도 더 발달된다. 그것은 이성과 지성으로는 다다를 수 없는 인간의 본성과 본능의 영역으로부터 얻는 탁월한 감각적 능력에서 기인한다. 이것은 새로운 관계와 소통의 근원이 된다.

그러나 현대사회는 꽤 오랫동안 기계적이고 과학적인 환경 속에서 숨 가쁘게 돌아가는 속도전쟁을 해 오면서 감성대가 상당히 손상되었거나 아예 제거되기도 했다. 단조롭고 반복되는 기계적인 활동, 억압된 사고체계 속에서 감성의 통로는 닫혀버렸고, 감성은 거추장스럽고 번거로우며 심지어 쓸모없고 비효율적이라고 천대받아 무시되기 일

쏘였다. 그래서 아예 감정이 생산되지 못해 메말라버렸거나 극한 상황에서 급조된 감정은 감성이라는 옷도 입지 못한 채 그대로 타인에게 노출되었다. 그러니 얼마나 어리석고 난처하며 삭막하고 민망하겠는가? 서로 얼굴을 붉히며 불편해하거나 반대로 목석처럼 굳어져 아무 감동도 없는 관계나 부서지고 삐걱거리는 소통으로 시간과 노력만 낭비한 것이다.

그러므로 이제 감성역량을 키워야 한다. 잠자는 감성을 깨우고, 무뎌진 감각을 되살려야 한다. 여기에는 다양한 감각적 자극을 접하고, 받아들이는 경험적 노력이 꾸준히 요구된다.

자, 오늘은 오감을 열어 풍성한 감성으로 우리의 감정을 아름답게 어루만져보자. 어제보다 더 편안하고 즐거운 만남의 관계와 유쾌하고 상쾌한 소통을 경험하게 될 것이다.

✴ 신은희 멘토의 감성코칭 ✴

"당신이 최근 가장 많이 느낀 감정은 어떤 것들인가요?"

-

"당신이 주로 느끼고 싶은 감정은 어떤 것들인가요?"

-

"당신은 감성을 키우기 위해 어떤 노력을 해보았나요?"

-

자칼언어와 기린언어

'날카로운 칼보다 부드러운 혀가 더 무섭다'거나 '말로 입힌 마음의 상처가 돌에 맞은 육체의 상처보다 더 깊다'고도 한다. 이런 경우 '말' 은 폭력을 자아내는 일종의 흉기라 할 수 있으며, 겉으로 드러나는 상처는 없지만 육체적 통증보다 더 극심한 고통스러움을 줄 수도 있다. 이른바 사람을 '죽이는 말'이 되는데, 그렇다면 '살리는 말'을 해야 하지 않겠는가?

특히 화가 난 상황에서도 상대방을 비난하지 않고, 자신을 잃지도 않으면서 관계와 소통에 긍정적인 방향으로 말할 수 있는 방법, 그런 매뉴얼이 있다면 얼마나 좋을까?

그러나 사람 사이에서는 아무리 서로를 이해하고, 감정을 컨트롤하면서 술술 대화를 풀어나가고 싶어도 상대방에 대한 불만으로 자신의 입장에서 '평가'하고 '생각'하며 자신의 '기대'를 '강요'의 형태로 말하기 쉽다. 그래서 상대방의 마음을 불편하게 만들고, 공감은커녕 오히려 심리적 저항감을 불러일으켜 마음의 문을 닫게 되므로 소통에 장벽만 더 쌓는다.

이런 유형의 대화를 '폭력 대화'라고 한다면 마셜 로젠버그 박사가 주장한 대화법인 '비폭력 대화'는 공감의 언어로 매끄러운 소통과 관계증진을 촉진시킬 수 있다. 즉, 자신의 기준으로 평가하는 대신 있는 그대로 '관찰'하고, 판단에 의한 생각보다는 상황에 대한 '느낌'만을 말한다. 또 상대가 어떻게 해주길 기대하기보다는 자신이 원하는 '욕구'를 표현하므로 강요와 처벌의 언어가 아니라 '부탁'하는 입장에서 말하게 된다. 그는 이런 폭력 대화와 비폭력 대화에 사용되는 언어유형의 상징을 각각 '자칼언어'와 '기린언어'라고 했다.

자칼은 이집트에서는 죽음의 신으로 불리며 죽은 고기를 먹고 살면서 서열사회에서 치열한 생존경쟁을 통해 살아남는다. 그러므로 자칼언어는 부정적, 분석적, 비판적이며 조급한 충고나 공격적인 회유, 처벌이나 응징도 불사하지 않는 표현을 사용한다. 그래서 상대방으로 하여금 상황을 인정하고 받아들이게 하기보다는 분노와 수치심, 죄책감을 유발하고 자존감을 떨어트려 방어적인 태도를 취하게 만든다. 관계와 소통은 점점 더 갈등 속에 놓여진다.

　반면 큰 심장을 가졌다는 기린은 큰 키와 긴 목으로 주변상황이 어떤지 늘 파악하고, 소리를 내지 않고도 동족끼리 소통을 잘하는 동물로서 온순하며 좋은 유대관계를 이룬다고 한다. 이런 기린이 상징하는 기린언어는 상황에 대한 자신의 관찰, 느낌, 욕구, 부탁으로 이루어진 4단계 대화로 서로 존중하고 인정하면서 타협해가는 의사소통 방식이다. 그러면서 상대방을 자극하지 않고, 굳이 해결책을 제시하거나 명령하지도 않는다. 그러면 상대방도 편안하게 의견을 말할 수 있고, 이때 서로 진심으로 바라는 것이 무엇인지 헤아릴 수 있다.

　예를 들면, 약속시간을 지키지 않은 상대방에게 전화를 걸어 "당신은 게을러서 아직도 오지 않네요! 완전히 날 무시하는군요. 이번에는 꼭 약속을 지킬 줄 알았습니다. 지금 당장 오세요. 그렇지 않으면 당신과는 이제 끝입니다!" 이런 식의 말이 자칼언어, 즉 폭력 대화다.

이를 기린언어, 비폭력 대화로 바꿔보면, "당신은 오늘도 늦는군요! 그래서 나는 기분이 나쁩니다. 나는 약속된 시간을 지키고, 존중받고 싶습니다. 시간을 지켜주실 수 있을까요?"다.

때때로 의도하지 않은 방향으로 흘러가는 대화로 인한 소통의 부재와 관계의 단절은 여러 가지 면에서 원치 않는 손실을 가져오게 된다. 자칼의 날카로운 이빨에 찔린 것처럼 상처 주고 상처받는 공격적, 방어적 관계보다는 기린의 따뜻한 심장처럼 온기를 불어 넣어주는 대화는 서로의 느낌을 공감하는 소통으로 긍정적인 관계를 지속적으로 열어나갈 수 있게 한다.

⋆ 신은희 멘토의 감성코칭 ⋆

"당신이 대화할 때 사용했던 자칼언어, 즉 폭력 대화에는 어떤 것이
있었나요?"

-

"당신은 주로 누구에게 자칼언어를 사용했나요?"

-

"당신이 대화할 때 사용했던 기린언어, 즉 비폭력 대화에는 어떤 것이
있었나요?"

-

"당신은 주로 누구에게 기린언어를 사용했나요?"

-

"당신이 자칼언어를 사용했을 때 상대방의 태도는 어땠나요?"

–

"당신이 기린언어를 사용했을 때 상대방의 태도는 어땠나요?"

–

사과와 용서

"병원이 여기밖에 없는 줄 알아? 원장이 누구야? 원장 나와!"라고 소리치면서 대기 의자를 발로 한 번 걷어차기라도 하면 병원 로비는 순식간에 긴장 상태로 변한다. 그러면 원무과 창구직원은 어쩔 줄 모르고 당황하게 되고, 이때 곧 원무팀장이나 고객관리담당자가 나와 정중하게 사과하고, 문제해결에 대한 책임을 약속하며 화난 고객을 진정시킨다. 그러나 상황이 심각한 경우, 필요하다면 기관의 최고책임자인 원장이 직접 사과하고 대책을 약속한다. 그런 '사과'와 '용서'는 병원과 고객의 관계를 회복하고 증진시키는 '치료제'며 '영양제'다.

하지만 시쳇말로 '진상 고객'일 수도 있고, 별것 아닌 문제를 확대해석해 악의적으로 불만을 제기할 수도 있는데, 굳이 그렇게 해야 하느냐고 반문할 수 있다. 하지만 그래야 한다. 조금만 역지사지(易地思之)해보면 병원이 존속하기 위해 무엇을 잘못하고 있는지, 무엇을 개선해야 하는지 모니터링 해준 것과 다름없다. 또한 그들도 병원의 고객이기 때문이고, 고객이 없다면 병원은 존재할 이유가 없으며, 고객은 병원의 수단이 아니라, 목적 그 자체다.

그런데 이런 상황이 어디 병원에서만 일어나겠는가? 개인 간 대인관계뿐만 아니라, 여느 조직이나 기업을 막론하고 그 구성원 간이나 고객과의 사이에서 비일비재한 일이며, 국가와 국민 사이에서도 꽤 자주 발생한다. 더구나 최근 우리 사회의 굵직굵직한 사건들을 겪으면서 너 나 할 것 없이 우리는 이를 몸소 체험해오고 있지 않는가?

불만을 가진 사람 중 96%는 그 불만을 표현하지 않는다고 한다. 조용히 떠나거나 기회를 기다리거나 불이익을 당할까 봐 억지로 참는 경우다. 반대로 불만을 표출했을 때 빠르고 효과적으로 해결해 만족시킨다면 오히려 기존보다 더 나은 긍정적 인식을 갖게 된다. 세계적인 기업들이 제품이나 서비스에 클레임이 발생했을 때 솔직하게 잘못을 인정하고 진심으로 사과하며 과감하게 책임지는 발 빠른 대처로 다시 생존하거나 성장의 기회로 삼는 경우다.

불만고객에 대해 서비스현장에서는 진실 된 경청과 신속한 사과, 대안제시 및 거듭 사과, 그리고 사후관리라는 응대매뉴얼이 사용되는데, 이는 어떤 잘못으로 불만이 발생된 상황이라면 어디서나 적용가능하다. 또 사과는 너무 늦지 않아야 한다. 책임소재를 조율하거나 보상범위를 미리 걱정하다가 그 시기를 놓치면 더 큰 화를 불러오고 불만은 눈덩이처럼 커질 수도 있다. 그리고 사과해야 할 당사자나 조직, 기업, 국가를 막론하고 최고책임자가 나서야 한다면 피하지 말아야 한다.

그런데 우리는 그동안 무수히 많은 상황과 사건을 통해 '사과 아닌 사과'를 경험해왔다. 감언이설로 임기응변식 '말 때우기'에 그치고, 사후관리는 실망을 넘어 절망을 안겨줬다. 잘못을 인정하기는커녕 발뺌하고, 책임전가나 회피를 일삼으며, 불만의 아우성마저 못 들은 척 무시하거나 핑계거리를 찾기 급급하고, 적반하장으로 공격하거나 처벌로 다스리려 해왔다.

불만 정도를 '불편하다'는 1도, '어이없고 불쾌하다'는 2도, '폭발할 것 같은 분노를 느낀다'는 3도라 한다. 그렇다면 우리가 각자의 상황에서 느끼는 불만은 어느 정도일까? 불만요소를 미리 예방했거나 같은 상황이라도 불만을 느끼지 않는다거나, 불만이 잘 해결되면 다행이다. 그러나 불평하지 못하도록 강제로 입막음하고, 불이익을 주거나 핑계만 대는 꼼수를 부려 소통을 포기하고 관계를 단절한다면 개인이든 조직이든 국가든 발전가능성이 낮다.

'불만고객을 충성고객으로'라고 한다. 불만고객을 그대로 떠나 보내 버리고 만다면 언젠가는 그 조직도 기업도 홀로 남게 되고 말 수도 있다. 그런 자멸의 길로 들어서지 않도록 해야겠다. 그러려면 불만을 자유롭게 표출하도록 하고, 불평에 대해 적대시하지 않아야 한다. 불만을 녹여내고 상처를 어루만져 줄 진심어린 '사과'로 감동을 줄 때 상대방은 이내 '용서'로 화답할 것이다. 그렇게 서로 소통할 때 관계는 지속된다.

∗ 신은희 멘토의 감성코칭 ∗

"당신이 진심으로 잘못을 뉘우치고 사과한 적이 있다면 언제, 누구에게 어떻게 했나요?"

-

"누군가가 당신에게 진심으로 사과할 때 당신이 그를 용서한 적이 있다면 언제인가요?"

-

"당신이 지금 누군가에게 사과해야 할 일이 있다면 어떻게 할 건가요?"

-

"도저히 당신이 용서할 수 없는 사람이 당신에게 사과한다면 당신은 어떻게 할 건가요?"

-

제2장

분노감정을
어루만지다

이대로 둘 것인가?

"우리는 모두 굶주린 걸인과도 같다. 사랑에 굶주리고 이해받는 일에 굶주리고, 안정과 자유에 굶주려 있다", "우리 안에는 고통 받는 아이가 있다. 우리 안에는 가만히 있지 못하는 원숭이가 있다. 따라서 누군가 그 아이를 보살피고, 그 원숭이를 돌보고, 그들을 감싸 안을 사람이 필요하다"는 틱낫 한의 저서 《마음에는 평화, 얼굴에는 미소》에 나오는 대목이다. 또 그는 고통 받는 일을 중단하고, 흥분하는 것을 멈추라고 한다. 지금 우리가 딱 그래야 한다.

‘참을 인(忍)자 세 번이면 살인도 면한다’는데, ‘욱하는 순간’을 극복하지 못하고, 감정이 폭발해버리는 이른바 ‘분노조절장애’로 인해 한순간에 모든 것을 부수어버리는 일들이 허다하다. 폭언, 폭행, 보복운전, 무차별적 범죄 등 나날이 그 정도가 상상을 뛰어넘는다. 저마다 가슴속에 ‘화병’ 하나씩은 담고 있어 어쩌다 ‘툭’ 건드리면 ‘뻥’ 터져버리는 폭탄 같다.

얼마 전, 취업 포털 커리어가 직장인 448명을 대상으로 조사한 설문조사에서 ‘직장생활을 하면서 화병을 앓은 적이 있는가’라는 질문에 90.18%가 ‘있다’고 대답했다. 화병이 생긴 이유는 63.80%가 ‘상사, 동료와의 인간관계에 따른 갈등’이었으며, 24.89%는 ‘과다한 업무, 업무 성과에 대한 스트레스’라고 했다. 이러한 마음의 상처나 과도한 긴장, 욕망에 대한 좌절 등은 ‘사이코소매틱(psychosomatic)’ 질환, 즉 정신적인 문제가 신체적으로 이어져 실제 질병을 유발시키기도 하는데, 이런 경우는 약물치료에도 잘 반응하지 않는 것이 특징이다.

이는 미 존스홉킨스대학 갈로 박사가 볼티모아 주민 2,000명을 13년간 추적조사 한 결과에서도 보듯이, 우울증을 가진 여성은 호르몬의 밸런스가 깨지고 면역체계를 무너뜨려, 유방암에 걸릴 위험도가 우울증을 가지고 있지 않은 사람의 4배 이상 된다고 했으며, 하버드대학의 엘리자베스 모스톱스키 박사는 1966-2013년 사이에 발표된 관련 논문 9편에 실린 수천 건의 사례를 종합분석해보니, 분노가 폭발하면 2시간 내에 협심증을 포함한 심근경색증은 5배, 뇌졸중은 4배나 더 초래될 위험이 있다고 한 결과에서도 나타나듯이 심각하다.

그리고 요즈음 우리 사회에서 벌어지는 상상치 못할 수많은 사건사고나 극악무도한 범죄들을 겪는 가운데 조절되지 못한 분노가 얼마나 무서운 결과를 가져오는지 알게 된다. 사소한 일이 감정 다툼에 불씨가 되어 큰 화로 이어질 수도 있고, 아무런 관련성도 없는 이들 사이에서 무차별적으로 벌어지는 묻지마식 범죄는 극심한 사회문제가 되어버렸다.

특히 억울한 일을 당했거나 한스런 일을 겪으며 쌓인 상처와 화를 삭이지 못한 트라우마가 오랫동안 지속되면 자신은 크게 인식하지 못하지만 만성적으로 부정적인 감정을 억제한 채로 살게 된다. 더구나 지금의 우리는 각 개인이나 가족의 범주를 벗어나 다양하게 얽혀 있는 사회관계망 속에서 살아가면서도, 장기적인 경기불황에 먹고사는 생존문제마저 위협받아 팍팍한 삶일진대 국가와 사회에서 벌어지는 일들은 평범한 국민들의 상식선에서조차 받아들일 수도, 이해할 수도 없이 경악케 하는 공직 비리, 공포의 대형사건과 망연자실할 사고, 그리고 그 수습과정과 뒤처리를 지켜보면서 집단적 분노는 점점 커지고, 풍선처럼 부풀어 올라있다. 그러다 보니, 서로에게 쌓여가는 피해의식, 배신감과 불신감, 그리고 그로부터 기인되는 불안정한 사회적 감정 기류는 개인과 집단의 분노 감정을 더욱 응축시켜가고 있다.

그러므로 분노하는 사람들을 이대로 둘 수는 없다. 화를 쌓고 분노를 키워 병들거나 폭발하게 내버려 두어서는 안 된다. 나와는 상관없는 일이라고, 나만 괜찮으면 된다고, 애써 모른 채 외면해서도 안 된다. 이제 그만 멈추게 하고, 감싸 안아야 한다. 즉, 국가와 사회는 점점 더 기름을 붓고 부채질을 할 것이 아니라, 안전한 환경과 믿을 수 있는 시스템으로 구성원들을 따뜻하고 편안하게 돌봐야 하고, 개개인은 스스로를 차분하게 달래며 안정을 찾아야 한다. 활화산처럼 끓어오르는 불덩어리가 사그라지고, 평화롭게 미소 짓도록 말이다.

* 신은희 멘토의 감성코칭 *

"당신이 최근 분노한 적이 있다면, 그 이유는 무엇인가요?"

–

"당신의 분노가 참을 수 없을 만큼 한계에 도달한 적이 있다면 언제인가요?"

–

"당신이 현재 분노하고 있다면 무엇이 당신을 그렇게 만들었나요?"

–

"당신은 당신의 분노감정을 조절할 수 있는 방법을 알고 있나요?"

–

지금은 세로토닌이 필요할 때

"웃고 있지만, 눈물이 난다", "웃어도 마음은 슬프다" 이런 말들은 사람이 기쁜 감정으로 웃는 것이 아닌 억지웃음인 경우다. 온전히 편안하게 웃을 수는 없을까? 그런가 하면 산모가 첫 아이를 낳을 때, 등반가가 정상을 정복할 때, 야구선수가 홈런을 칠 때 등은 극한 스트레스 상황을 벗어나 매우 격한 기쁨을 맛보게 되는데 이런 상황에서 인간의 감정에 영향을 주는 뇌세포 물질이 엔도르핀(endorphin)이다. 이 호르몬은 슬픔과 고통을 잊게 하고, 순간적인 환희와 격정적인 감동을 가져다준다고 알려져 있다.

그러나 엔도르핀을 통해서 얻은 기쁨은 오래가지 못하고, 계속해서 더 크고 지속적인 자극을 원하게 되며, 그렇지 못하면 다시 스트레스로 돌아온다. 또 그 양이 지나치면 오히려 과격해지고 공격적이 되기도 한다. 그렇다면 인간의 부정적 감정과 충동을 조절하고, 잔잔한 행복과 긍정적인 마음을 유지시킬 수 있는 호르몬은 없을까?

뇌의 신경세포에는 50여 가지의 화학물질인 호르몬, 신경전달물질이 있는데 신체의 내·외부 환경변화와 정신상태에 따라 작용하는 물질이 다르다. 예를 들면, 강력한 진통 효과가 필요한 상황에서 분비되는 대표적인 물질이 모르핀보다 몇백 배 강한 효과를 낸다는 엔도르핀이다. 그런데, 그런 상황변화와 감각에 연연해 하지 않고, 마음의 안정과 평온함을 유지시켜주는 호르몬이 있다. 그것은 행복 호르몬, 조절 호르몬이라 불리는 세로토닌(serotonin)이다.

급격하게 변화하는 현실 속에서 역동적인 인간관계와 다양한 역할을 수행하면서 끊임없이 자극을 받고 살아가는 현대인들에게는 여유를 갖고, 자신의 내면을 들여다볼 시간이 필요해진다. 그리고 조용히 자신의 주위를 돌아보며 차분히 삶의 속도를 조절할 필요가 있다. 또한 이성적 사고를 담당해야 하는 좌뇌의 사용을 좀 쉽게 하고, 감성적 사고의 발전소인 우뇌를 깨워 적절한 균형을 이루게 되면 심신의 안정을 찾게 되고, 삶의 의욕과 새로운 동력에너지를 만들어낼 수도 있다. 이때 뇌세포에 작용하는 물질이 세로토닌이며, 이는 폭력성과 충동성을 억제하기도 하고, 기억력과 집중력을 높여주기도 한다.

그러므로 세로토닌이 부족하면 기억력 감퇴와 집중력 장애가 발생하고, 걱정과 불안이 깊어지며, 슬픔과 허무함으로 우울증이 생기게 되면, 활동량이 감소해 비만이나 질병을 일으키기 쉽다. 또 감정의 기복이 심해지고, 사회적 관계나 활동에도 영향을 미쳐 삶의 부정적 요소로 작용하게 될 뿐만 아니라 장기간 지속되면 감정조절이 어렵고 작은 자극에도 화가 나고 불현듯 분노감정이 솟구치기도 한다. 이런 상태가 되면 원치 않는 행동결과를 가져오기도 하므로 세로토닌은 인간이 평안한 일상을 유지하고, 삶의 질을 높이기 위해 반드시 필요한 뇌 화학물질이라고 하겠다.

이 세로토닌은 자연계에는 존재하지 않는데, 다음과 같은 방법으로 인체 내에서 생성할 수 있다. 먼저 원료가 되는 트립토판이라는 단백질을 섭취해야 하는데, 콩, 우유, 돼지고기 등에 많이 함유되어 있다. 그리고 눈을 통해 들어온 햇빛이 뇌에 전달돼야 하고 심호흡과 명상이 도움이 된다. 또 음식을 씹는 저작운동으로 뇌를 자극하고, 몸을 곧게 펴고 걸으면서 발바닥에 자극을 줄 때 이 호르몬은 잘 분비되며, 사랑을 할 때 훨씬 더 촉진된다고 한다.

　이런 이유로 실외보다 실내에서의 생활이 많아지고 야외활동이 감소되면, 삶의 의욕이 저하되거나 우울증 환자가 늘어난다고도 한다. 세로토닌이 필요해지는 때다. 이제 운동화를 신고, 한 줌의 견과류를 손에 쥐고, 가까운 공원이나 숲, 산길을 찾아 밝은 햇살 속으로 자주 나서 보자. 심호흡을 하고, 자연의 소리와 함께 명상을 하면서 등은 곧게, 어깨는 활짝 펴고 걸어보자. 어느새 마음이 평온해지고, 가벼워진 발걸음처럼 삶에도 리듬을 찾고, 행복한 기분이 가득해질 것이다.

✻ 신은희 멘토의 감성코칭 ✻

"당신은 최근 우울한 감정을 경험한 적이 있나요?"

\-

"당신은 지금 분노하고 있습니까? 그 이유는 무엇인가요?"

\-

"당신은 화가 날 때 그것을 조절하기 위해 어떤 행동을 하나요?"

\-

"당신이 분노할 때 그 분노를 멈추게 하려면 어떻게 해야 할까요?"

\-

제대로 놀게 하라

'열심히 일한 당신 떠나라!'는 광고카피가 있다. 직장인에게는 휴가가 있고, 학생들에게는 방학이 있다. 그러나 이를 학수고대하고 기다렸다가 신나게 맘껏 즐긴 후, 그 만족감과 행복감을 재충전한 에너지로 다시 일터로 돌아가거나 새 학기를 맞이하는 이들이 얼마나 될까? 휴가를 휴가답게, 방학을 방학답게 보내지 못한다면 오히려 스트레스로 작용해 효율성이 저하되고 이내 번아웃(Burn-out) 상태가 되거나 폭발할 것 같은 분노감정에 이르지 않을까? 충분히 그럴 만하다.

바로 '제대로 놀지 못하는 사람들' 얘기다. 여기에는 요즈음 우리 사회에서 누구나 공감할 수 있는 이유들이 있다. 학업과 진학, 취업과 고용 불안정, 장기간의 경기불황과 대책 없는 노후, 불안한 사회정세와 신뢰를 잃은 정치, 예측 불가한 사고들까지 어디 마음 놓고, 후련하게 놀아 볼 생각이나 기회조차 갖기 어렵게 한다. 답답한 현실, 안타까운 상황이다.

그런데 인간은 놀이하는 동물, 즉 유희적 인간이라고 하지 않는가? 자궁 속의 태아기 때부터 출생 후에도 놀이를 통해 발달과 성장을 거듭해가면서 일하기보다 놀기를 좋아할 뿐만 아니라, 놀이를 통한 정신적, 신체적, 사회적 체험으로 삶을 더 풍요롭게 할 수 있다. 또한 인격적 성숙과 인간적 유대감도 강하게 형성된다. 이렇게 자발적이고 자연스러운 놀이는 가정이나 또래집단, 학교, 사회에서 직접 몸으로 부딪히는 경험을 통해 꾸준히 이뤄질 때 삶의 즐거움과 재미를 더해주는 윤활유 같은 역할을 해 생애주기에 따른 과업달성에도 큰 도움을 준다.

또 놀이는 다양한 감각을 통한 감성으로 감정을 조절케 하고, 공감과 소통, 타협과 양보, 규칙과 질서, 승리와 패배를 배우게 하며, 합리적인 이성을 발달시킬 수 있는데, 이것이 곧 창의력의 발로이기도 하다. 즉 같은 상황이라도 뛰어난 적응력과 문제해결능력을 갖춘 적극적인 사고와 능동적, 협동적 인성이 배양된다. 인간은 공부하는 기계나 일하는 로봇이 아니며, 지식과 기술은 책이나 교육을 통해서 얻을 수 있지만, 그것을 가진 사람들이 모여서 함께 이루는 사회는 반드시 소통과 협업이 요구된다. 그래서 놀이는 성인이나 노년기까지도 계속돼야 한다. 현실이 힘들고 어려울수록 쌓여가는 스트레스와 우울감 해소, 증폭되는 적대감과 공격적 감정완화, 더 바람직한 삶을 위해서는 일을 떠나 홀가분한 놀이의 시간이 꼭 필요하다.

하지만 우리 사회의 놀이문화를 보자. 놀고 싶어도 제대로 놀 수 없는 환경과 상황들로 가득 차 있다. 언제부턴가 놀이도 교육의 틀에 맞춰져 일률적으로 프로그램화되고, 일정한 장소에서 의무적으로 시행돼 강제성을 띠기도 한다. 또 제한된 공간과 통제된 시간의 억압된 상황 아래 경쟁과 이해관계에 얽혀 수행해야 하는 업무의 연속 선상에서 살아가다 보니 현실과 미래에 대한 걱정에 급급해 놀고 싶은 욕구마저 상실하기도 한다. 그래서 급기야는 학업이나 업무의 중요성에 밀려서 놀이는 이제 사치나 맹목적 가치로 전락해버리기도 했다.

더구나 최근에는 놀이의 순기능보다 역기능이 많아졌다. 산업의 발달과 기계문명의 기술로 인해 자극적, 소모적, 폭력적, 퇴폐적인 방향의 잘못된 놀이가 난무한다. 이 오염된 놀이문화에 대중은 마약처럼 중독되고, 심신이 병들고 있다. 또 일시적 말초쾌락을 위한 상업적 소비문화는 점점 더 미성숙한 인격과 욕구불만을 누적시켜 파괴적 성향으로 분노조절장애에까지 이르게 한다. 이렇게 아픈 개개인으로 구성되는 사회는 아픈 사회다. 이제 치료를 위해 사회가 나설 때다. 지금이야말로 진정한 놀이문화의 형성과 파급이 절실해지는 이유다.

삶의 과정에서 자의든 타의든 겪게 되는 고단함을 털어내고, 상대적 박탈감과 자괴감을 떨쳐내 자신감을 회복하며, 격정과 미움의 분노가 사라지기를 바란다면 제대로 한 번 놀아보자. 늘 해오던 일이나 업무 영역과 분리되고, 단지 휴식의 차원을 넘어선 온전한 놀이를 각자의 상황에 맞게 적극적, 반복적으로 지속해보자. 특히 몸을 움직여서 사람들과 함께 어울려 유쾌하게 놀아보라. 얼마나 상쾌하고 통쾌한가?

﹡ 신은희 멘토의 감성코칭 ﹡

"당신은 최근 번아웃 상태를 경험한 적이 있나요? 있다면 언제였나요?"

–

"당신이 가장 최근에 다녀온 휴가나 여행은 언제 어느 곳으로 누구와
함께 다녀왔나요?"

–

"당신이 휴가나 여행을 갈 수 없었다면 그 이유는 무엇이었나요?"

–

"당신에게 가장 재미있는 놀이는 무엇인가요?"

–

"당신이 가장 해 보고 싶은 놀이는 무엇인가요?"

-

리더에게 달렸다

"최근 가장 많이 경험하는 감정은 무엇입니까?" 이런 질문을 받는다면 어떻게 대답할까?

어느 조사결과에 의하면 그 감정은 '좌절'과 '분노'라고 한다. 이는 패스트 캠퍼니의 칼럼니스트 앤 크리머가 2008년 미국 금융위기 이후 2년간 불황 속의 미국 전 지역 직장인 900명을 대상으로 인터뷰와 설문조사 등을 통해 심리상태를 직접 조사한 결과다. 그녀는 또 어려울 때일수록 직원들의 감정을 잘 다독여줘야 안정된 감정 상태를 가지게 돼 서로 간의 관계가 좋아지며, 만족한 상태로 조직에 헌신하고 기여하는 바가 커진다고 했다. 지금 우리의 상황도 이 조사결과와 다르지 않을 것 같다. 매우 우려되는 바다. 그렇다면 이 좌절과 분노의 감정에 대한 해법은 무엇이겠는가?

"아! 답답하다. 숨을 쉴 수가 없다", "차라리 그만두고 떠날까?", "이대로 참다가는 폭발할 것 같다"처럼 감정 상태가 극에 달해 분노에 이르게 되는 원인을 찾아보자. 그것은 조직생활 중 압박감이 가중되는 직무스트레스나 남보다 뒤처질 것 같은 불안감에서 오는 경력과 스펙 관리, 그리고 대인관계에서의 소통문제에서 기인된 것이다. 최근 발표된 한 조사에서도 직장인의 10명 중 6명이 이런 이유 때문에 번아웃(Burn-out)증후군을 경험한 적이 있다고 한다. 누적된 스트레스의 결과에서 오는 무기력증인데, 이대로 지속되면 우울증으로 발전하다가 결국 참을 수 없는 분노로 감정조절이 불능해져 폭발할 가능성이 크다. 그렇게 되면 개인적으로도 매우 안타까운 일이지만, 조직으로서도 커다란 손실이다.

이런 상황유발이나 해결에는 조직의 내외부적 환경에서 비롯되는 다양한 요소가 있겠지만, 필자는 그중 가장 중요한 요소를 '리더'에게서 찾고자 한다. 즉, 같은 상황이라도 조직원들을 격려하고 북돋워 그들의 잠재된 역량과 에너지를 이끌어내고 성과를 거듭해 조직의 목표를 달성하고 조직과 구성원이 함께 성장하고 발전해가기 위해서는 리더의 역할이 상당히 크다는 것이다. '조직을 죽이는 리더'인 나쁜 리더가 아니라 '조직을 살리는 리더'인 좋은 리더여야 한다. 그것이 곧 리더 자신도 살 길이다. 필자도 오랜 조직생활에서 경험했던 바다.

세계적인 호텔체인 포시즌스의 이사도어 샤프회장은 그의 저서《사람을 꿈꾸게 만드는 경영자》에서 '만약 그들이 당신을 위해 일하고 있다면, 당신은 그들을 위해 일해야 한다'고 했다. 조직목표 달성을 위해 구성원의 희생을 강요하고 이용하려는 리더와 조직은 오래갈 수 없다. '인자(仁者)는 자신이 출세하고 싶으면 남을 먼저 출세하게 하고, 자신이 어떤 목표에 도달하려 한다면 남을 먼저 도달하게 한다(논어:己欲立而立人)'라는 말도 있지 않은가?

그러려면 무엇보다 구성원들의 좌절감을 덜어 분노감정을 예방하며 치유할 수 있는 리더가 필요하다. 그 리더의 조건에 대해 다음 세 가지를 제안한다.

첫째, 공감으로 소통하는 리더여야 한다. 힘든 상황일수록 리더 자신과 조직의 입장만 내세우면 구성원은 좌절한다. 리더의 감성역량을 향상시켜 그들과 소통하라. 역지사지로 그들이 받아들일 만한 상황에서 지시해야 무리 없이 받아들여진다.

둘째, 함께 공유하고 함께 성공하려는 리더여야 한다. 구성원들을 이용해 나 홀로 성공과 행복을 추구하려는 것처럼 비춰지는 리더는 그들을 분노케 한다. 결정적인 순간에는 더욱 그들을 우선시하라. 장기적으로 보면 그것이 더 윈윈전략이다.

셋째, 언행일치로 신뢰 있는 리더여야 한다. 특히 위기상황에서 자신에게 유리한 국면전환을 위해 권모술수를 꾀하거나 일관성 없는 언행은 의혹만 더해 불신을 조장한다. 이내 분노의 불씨를 키우고, 분노의 질주가 시작되면 원치 않는 결과를 부른다. 그러면 상생의 길로 나아갈 수 없다. 그리고 이는 조직의 특성이나 규모에는 별 관계가 없다. 작게는 두 사람 이상이 모인 곳에서부터 크게는 한 국가의 리더라면 더욱 그렇다. 이제 리더에게 달렸다.

✱ 신은희 멘토의 감성코칭 ✱

"당신에게 당신의 리더는 어떤 존재인가요?"

-

"당신이 리더라면 당신은 조직에 어떤 리더인가요?"

-

"당신이 생각하는 리더의 조건에는 무엇이 있나요?"

-

"당신이 리더가 된다면 어떤 리더가 되고 싶은가요?"

-

분노조절 3단계

　'내가 왜 그랬을까? 조금만 참을걸', '되돌릴 수만 있다면 그렇게 하고 싶다'라고 후회해본 적이 있는가? 또 '이대로 참을 수 없어, 어떻게 하면 분이 풀릴까?'라며 불같이 일어나는 격한 감정으로 부르르 떨어보았는가? 그렇다. 살아가다 보면 뜻하지 않는 일들로 인해 억울해질 수 있다. 그런데 그런 상황에서 현명한 처신과 지혜로운 대처로 원만하게 해결하면 좋겠지만, 제대로 풀어가는 방법을 몰라서 끙끙 앓다가 화병으로 괴로워하거나 문제를 키워 돌이킬 수 없는 손실을 입기도 한다. 더구나 그런 결과가 자신이 인지하지도 못한 채 이미 벌어졌거나 고장 난 브레이크처럼 알면서도 스스로 제어하지 못한다. 어처구니없는 일이다.

그런데 평소에는 온화한 태도로 의사소통에 별문제가 없고, 이성적 판단력으로 감정조절이 잘 되는 사람들이라 해도 예상 밖의 불합리한 상황에 맞닥뜨리면 화가 치밀고 끓어오르는 분노를 다스릴 수 없어 원치 않는 방향으로 감정을 표출하는 '분노조절장애'를 겪는 이들이 많다. 또 같은 경험을 되풀이해 습관처럼 되기 쉬운데, 그렇게 되면 고치고 싶어도 '난 안 돼'라고 자책하며 점점 분노조절에 대한 자신감마저 저하된다. 이는 소통과 대인관계의 장애는 물론 업무능력에도 심각한 저해요소가 된다. 반드시 개선해야 할 이유다.

그렇다면 어떻게 해야 분노감정을 잘 조절할 수 있을까? 필자도 오랫동안 이 문제로 곤란을 겪으며 고민해 왔다. 그래서 심리학자 다니엘 골먼이 주장한 다섯 가지 감성지능, 즉 자신의 감성지각, 감성관리, 감성동기화, 타인의 감성 공감, 그리고 사회적 감성표현을 바탕으로 분노상황에서 좀 더 효과적이고 효율적인 감정조절을 위해 다음의 3단계 방법을 제시해 본다. 누구나 자신의 상황에 맞게 잘 활용하면 분노조절에 성공할 수 있을 것이다.

첫째, 화가 날수록 '먼저 자기 안으로 들어가라.' 감정이 격해지면 그 방향이 밖으로 향해 분노의 화살이 벌써 자신을 떠나 있는 경우가 많다. 모든 원인이 타인이나 외부환경에 있다고 믿고, 자신의 책임은 없거나 아주 작게 축소해 상대방을 탓하기 일쑤다. 문제는 상대방도 그렇게 생각한다면 서로의 감정은 충돌할 수밖에 없다. 그러면 성냥불만한 불씨가 곧 걷잡을 수 없는 큰 불로 번져 홀딱 다 태워버리고도 서로 원망하기를 그치지 않는다. 그러므로 분노폭발이 일어나기 전, 전조증상을 인지해야 한다. '아, 내가 지금 화가 나려고 하는구나!'를 감지한 후 그대로 화를 내지 말고, 잠시 눈을 감고 객관적 자세로 자기 안을 들여다봐야 한다. 내가 지금 왜 분노하고 있는지, 내게서 비롯된 원인은 무엇인지, 이대로 감정을 분출하면 그다음 어떤 상황이 이어질 것이며, 그리고 그것은 과연 내가 원하는 방향인지를 빠르게 깨닫고 동기화해야 한다. 그러면 놀랍게도 이미 분노의 크기는 상당부분은 줄어들고, 나의 허물이 보이며, 상대방과의 관계를 깨뜨리고 싶지 않은 자신도 발견하게 된다.

둘째, 힘들겠지만, '상대방의 입장에 서서 공감하기를 즉시 실천하라.' 역지사지가 가장 필요한 때다. '과연 나라면 어땠을까? 상대방은 왜 그래야만 했을까?'라고 이해하려 노력하면 이해 못 할 일이란 없다. 내 입장에서만 보면 절대로 용서하지 못할 일이라도 상대방의 입장에서는 충분히 그럴만한 이유가 있기 때문이다. 그렇게 '그래, 내가 너라면 그럴 수도 있겠다.' 하는 생각이 들 때, 그것을 바로 인정하라. 그래야 긍정적인 해결의 길이 열린다.

셋째, 용기 있게 '너 살고, 나 살자'는 적극적인 표현을 하라.' 문제해결과 관계개선의 의지를 보이며 함께 상생의 길로 나아가라. 이때 '지는 것이 이기는 것'이라는 평범한 말 속의 진리를 떠올려보면 자신감이 생길 것이다. 상대방에게 거부당할 것이라는 두려움이나 내가 바보처럼 무시당하고, 손해만 보는 패자가 될 같다는 불안감을 걷어내고 다가가보라. 의외로 쉽게 빗장이 열려 수월하게 상대방의 마음속으로 걸어 들어 갈 수 있을 것이다. 그러면 어느덧 분노의 파도는 사라지고 평온한 감정의 바다를 만나게 될 것이다.

✻ 신은희 멘토의 감성코칭 ✻

"당신은 분노할 때 어떤 행동을 보이나요?"

-

"당신은 분노를 조절하기 위해 어떤 방법을 사용하나요?"

-

"당신의 분노조절이 효과적으로 되지 않았다면 그 이유는 무엇일까요?"

-

"당신은 앞으로 분노조절이 필요할 때 어떤 방법을 사용할 계획인가요?"

-

행동유형별 분노조절

　"당신은 분노할 때 어떻게 행동하십니까?" 사람에 따라 어떤 상황이나 사건을 접했을 때 심리반응이 다르고, 그에 따른 행동양식이나 대처방법도 다르다. 특히 과도한 스트레스로 분노상황에 놓이게 돼 평소와 다른 감정 상태라면 더욱 그럴 것이다. 그런데 자신의 정서적 변화나 행동유형에 대해 미리 예측이 가능하고 바람직한 방향으로 분노를 조절할 수 있는 방법을 찾아 습관화한다면 대인관계나 의사소통에 큰 도움이 되지 않겠는가?

그래서 인간행동유형인 DISC를 적용해 분노표출상황과 스타일을 분류해 바람직한 분노조절방법에 대해 다음과 같이 네 가지 유형을 제시한다. 각자 자신에게 해당되는 성격유형과 행동 패턴을 찾아보고, 효과적인 기법을 실천해서 관계와 소통에 도움이 되길 바란다.

먼저, D(Dominance)형으로 주도적 성향을 가진 '즉석폭발형'이다. 이들은 일의 성과를 중시하고, 권력 지향적이며 빠른 반응과 결과를 원한다. 그래서 자신의 통제권을 상실했거나 원하는 목적달성이 안 될 때, 타인으로부터 비난을 받을 때 분노한다. 또 파워풀한 성격과 인내력 부족으로 분노감정을 즉각적, 직접적으로 표현하기 때문에 관계단절이나 파괴적, 폭력적 행동을 보이며, 그 후 그런 자신의 행동에 대해 후회하기도 한다. 그러므로 스스로의 분노감정을 미리 지각하고, 섣불리 표출되지 않도록 감정 관리가 매우 필요하다. 즉 고장 난 브레이크처럼 내달리지 않도록 하기 위해 의도적으로 그 상황을 멈추고 돌아서서 심호흡을 하거나 솟구쳐 오르는 분노 에너지는 운동을 통해 소모시키는 훈련을 하는 것이 좋다.

다음은 I(Influence)형으로 사교적 성향을 가진 '설득주장형'이다. 이들은 공식적 업무관계보다는 우호적 분위기의 인간관계나 과정을 중시하고, 긴 대화를 이어가며 말을 많이 한다. 그러므로 관계의 상실이나 인정받지 못하고 사회적으로 거부당했다고 여길 때 분노감정이 생기며, 그 분노 에너지의 표출이 아주 빠르다. 흥분된 감정 상태에서 자신의 주장이 받아들여질 때까지 설득 조로 반복설명하면서 더 많은 말을 하게 되므로 상대방을 지루하거나 질리게 만들기도 한다. 따라서 자신의 분노감정을 인지했다면 먼저 상승된 감정 상태를 차분히 내려놓아야 한다. 그리고 말수를 줄이고, 좀 더 생각을 정리한 후에 간결하게 전달하는 방법이 효과적이다. 빠른 감정전환이 가능하므로 그 분노감정을 만들어낸 사람이나 상황을 벗어나 다른 사람과의 유쾌한 대화가 기분전환과 분노 해소에 도움을 준다.

그리고 S(Steadiness)형의 안정적 성향을 가진 '수동공격형'이다. 이들은 압박이나 긴장된 환경, 갑작스런 변화나 중대한 결정을 내릴 때 감정적 스트레스를 겪는다. 이때 대부분 이를 참아내고 혼자 속으로 삭이기 때문에 겉으로 보기에는 분노하지 않는 것 같기도 하다. 또 갈등을 싫어하기 때문에 면전에서 드러내놓고 분노를 표현하지는 않지만, 참을 수 없는 부당한 감정 상태를 만든 이유에 대해서 수동적 공격을 한다. 알아도 모른 채 하거나, 해야 할 일을 하지 않고 나중에 엉뚱한 핑계를 대며 분노유발 상대를 난처하거나 곤궁에 빠뜨리기도 한다. 이들에게 바람직한 분노조절방법은 그 상황을 떠나 휴식이나 잠, 편안한 사람들과 좋아하는 음식을 먹거나 한동안 다른 일에 몰두하다 보면 자연스럽게 분노가 사라진다.

끝으로 C(Conscientiousness)형, 신중한 성향을 가진 '수사탐구형'이다. 이들은 보수적, 분석적이며 완벽을 추구하기 때문에 예상치 못한 배신이나 공개, 오해나 비판을 받게 될 때 분노한다. 그러면 더욱 폐쇄적인 태도로 식음을 전폐하고라도 그 인과관계를 밝히며 논리적으로 증명해내려 한다. 또 상대가 굴복할 때까지 자신의 고집을 꺾지 않고, 복수심을 키워 처벌하려는 오기를 부리다가 더 소중한 것들을 잃기도 한다. 그러므로 이들은 감정적 분노를 조절하기 위해 집착에서 벗어나 여유를 갖고 너그러워져야 한다. 음악 감상, 독서, 명상 등 가벼운 취미활동과 복잡한 심경을 정리하는 혼자만의 시간을 갖도록 권장한다.

✽ 신은희 멘토의 감성코칭 ✽

"당신은 분노할 때 어떻게 행동하나요?"

-

"당신의 분노를 해소하는 방법 중 가장 효과적이었을 때는 언제였나요?"

-

"당신이 화가 났을 때 더 크게 분노하도록 만드는 경우는 어떤 상황인가요?"

-

"당신은 앞으로 분노하게 된다면 어떻게 대처 할 건가요?"

-

행동유형별 분노대처

'저 사람의 분노감정을 풀게 할 묘안이 없을까?', '내가 어떻게 해야 저 사람의 분노감정을 달랠 수 있을까?'라는 생각이 간절할 때가 있다. 그렇다. 상대방이 울화가 치밀고 분노하며 괴로워할 때 그를 돕는 방법을 찾아야 한다. 그것이 나도 살고, 상대방도 사는 길이다.

그러나 상대방의 분노를 누그러뜨리려고 열심히 노력했는데도 결과는 오히려 그 반대인 경우가 있다. 그럴 땐 당황스러울 뿐만 아니라 상대방을 이해할 수 없으며 도대체 뭘 어떻게 해야 하는지 알 수 없어서 답답해진다. 그러다가 덩달아 자신마저 화가 나기도 한다. 또 모른 척 덮어두고 지나치기도 하는데, 그러면 더 큰 화를 불러일으킬 불씨로 돼 언젠가는 터지고야 만다. 그러다가 서로 이해 못 할 사람이라고 치부해버리거나 아예 관계를 끊어버리는 일도 허다하다. 소통의 단절과 관계의 손상을 일으키지 않도록 대책이 필요하다.

그런데 인간은 저마다 그 성향과 행동스타일에 따라 감정표현방법이나 타인의 의견을 받아들이는 방식이 달라 자신의 생각과 방법이 다 통하지는 않는다. 상대방에게 맞추지 못한 일방적 노력이라면 헛된 수고일 뿐이며, 차라리 아니함만 못하다. 즉 상대방의 분노감정표출방식을 이해하고, 그가 원하는 분노조절방법을 알아야 유쾌한 소통과 원만한 관계를 이어나갈 수 있다.

그래서 인간행동유형인 DISC 성향에 따른 적절하고 수월한 분노대처방법을 제시한다. 이는 분노하고 있는 누군가를 편안하게 만드는데 효과적이며 또한 자신도 즐거워지는 효율적 소통방법이므로 꾸준히 실천해가면 성공적인 관계 형성에 큰 도움이 될 것이다.

주도형(Dominance)에게는 '당신이 왕이요 곧 법이다'는 태도로 대하

라. 그들은 우월감을 가지고 권력으로 통제하려 하므로 분노하게 되면 즉석에서 폭발하려는 특성을 가지고 있기 때문에 일단 그 상황을 잘 넘기는 것이 중요하다. 그래서 그 순간, 그들을 이기려고 맞서거나 잘못을 인정하게 하려고 설득하는 것은 어불성설, 그야말로 불난 집에 기름을 붓는 격이다. 예기치 못한 방향으로 분노가 표출된 후, 어처구니없는 상황에서 곧 서로 후회하지 않으려면 그들의 자존심을 세워주면서 재빨리 한발 물러서서 져주는 것이 상책이다.

사교형(Influence)에게는 '속이 후련해질 때까지 말하게 하라' 그들은 사람과의 관계를 소중히 여기며, 상대방에게 자신이 받아들여지고 인정받기를 원한다. 그래서 자신의 분노감정이 풀릴 때까지 자신의 입장을 설명하고 또 설명하려 한다. 그러나 상대방이 자신의 입장을 배려해주지 않거나 말이 통하지 않는다고 여기면 실망하고 돌아선다. 그래서 지루하더라도 그의 이야기에 긍정적 공감표현으로 맞장구치는 것이 특효약이다. 그러면 자신이 이해받았다고 느끼고, 분노감정이 사라진 채, 나아가서는 상대방의 입장까지도 이해하고 배려해준다.

안정형(Steadiness)에게는 '안정된 분위기와 휴식을 제공하라' 그들은 분노감정을 드러내서 갈등을 더 증폭시키기를 원치 않으므로 그것을 해결하기 위해 직접적으로 접근하기보다 간접적으로 전환시켜주는 것이 명약이다. 느긋한 여유로움으로 맛있는 음식을 먹게 하는 것도 좋다. 친한 사람들과 편안한 주제의 대화 속에서 즐거워지면 그들은 분노를 잊은 채 다시 안정을 되찾는다. 그럴 때 다른 관심거리나 익숙한 일에 몰두하게 하면 더 효과적이다.

신중형(Conscientiousness)에게는 '조용히 혼자 있게 놔두고 기다려라.' 그들의 분노는 쉽게 풀리지 않는다. 사람을 귀찮아하고, 스스로 고립된 채 해결방법을 찾는다. 분노의 인과를 세세히 분석해 만족스럽고 완벽해졌다고 판단될 때 사람을 찾고, 말문을 연다. 그리고는 자신이 분노한 이유와 상대의 잘못을 조목조목 제시한 후, 그 대책을 논리적으로 길게 밝히는데, 바로 이때 최선의 대처방법은 인내심을 가지고 침착한 태도로 그들의 말을 경청해야 한다. 설사 반대의견이라도 끝까지 들어주고, 수용하는 것이 그들의 분노를 삭이게 한다.

⋆ 신은희 멘토의 감성코칭 ⋆

"당신은 다른 사람이 분노할 때 어떻게 대처하나요?"

-

"당신이 다른 사람의 분노조절을 위해서 하지 말아야 할 것이 있다면
어떤 것인가요?"

-

"당신과 함께 있는 사람이 분노할 때 앞으로 어떻게 할 건가요?"

-

제3장

감성으로
감정을 코칭하다

이제는 코칭이다

'모든 사람에게는 무한한 가능성이 있다', '그 사람에게 필요한 해답은 그 사람 내부에 있다', 그리고 '해답을 찾기 위해서는 파트너가 필요하다'는 에노모토 히데다케가 말한 '코칭(Coaching)'의 철학이다.

코치의 어원은 마부(coacher), 마차(coach)에서 유래된 것으로 코칭은 현재의 상황에서 원하는 목적에 도달하기 위한 시스템이다. 그래서 코칭을 받는 대상자인 고객(이하 '고객'이라고 칭함)과 코치는 함께 목표를 세우고, 고객에게 잠재된 내재적 자원을 찾아내 스스로 선택하고 실천해가도록 상호협력해가는 과정이다. 즉 현존하는 결핍이나 문제를 발견하고, 측정가능 한 기대목표를 세워 현재 상황의 자원을 파악한 후 실행해 나가는 것이다.

예를 들면, 스포츠 경기 도중 코치가 선수들에게 질문을 통해 팀의 문제와 역할을 스스로 찾게 해 각자가 확신과 자신감을 얻어 다시 경기장으로 나가 승리를 위해 뛰도록 하는 것이다. 이는 경기 중인 선수들을 불러 모아 코치의 생각대로 일일이 훈계하듯 큰소리와 강압적인 태도로 일방적인 지시를 하는 경우와는 대조적이다. 전자의 경우 선수들은 자기성찰과 통찰력을 키워서 동기유발과 책임감으로 에너지를 만들어내지만 후자의 경우는 충고나 지시, 명령, 통제로 인해 오히려 사기저하를 유발하게 된다.

코칭은 단점이나 문제 등 부정적인 면이 부각되는 수직적 관계보다는 인정, 존중, 가능성과 장점 등 긍정적인 면을 보게 함으로써 수평적 파트너 관계를 이루게 한다. 해결방법도 문제의 원인에 초점을 맞춘 과거 지향적이 아니라 과정이 포함된 목적 지향적, 미래 지향적으로 단기 성과보다는 장기적인 고성과를 가져올 수 있다.

또 치료적인 문제접근방식인 테라피나 카운슬링과는 다르게 생산적인 과정이며, 트레이닝이나 교육에서의 '해답 제시'와는 달리 코치의 질문에 고객 스스로 문제와 해답을 찾고 실행해가는 프로세스다. 그러므로 그 분야에 대한 전문적인 지식을 갖고 문제해결능력을 갖춰야 하는 컨설턴트나 광범위한 내용으로 역할모델을 제시해주는 멘토링과도 확연히 구분된다.

'다른 사람에게 아무것도 가르칠 수 없다. 다만 생각하게 할 뿐이다'라는 소크라테스식 문답법이나 '상세한 지시보다는 자신의 내면적 정신작용에 집중하도록 할 때 가장 쉽게 테니스를 배우게 할 수 있음'을 발견한 테니스 이너게임의 티머시 골웨이의 코칭은 개인은 물론 팀의 승리나 조직의 성과 향상과 목표 달성을 위해 효과적이고 효율적인 방법이 될 수 있다.

이러한 코칭의 성공을 위해서는 서로 간의 신뢰가 바탕이 된 라포(Rapport), 즉 공감 형성이 매우 중요하다. 공감적 의사소통을 위한 언어적, 비언어적 경청을 통해 상호 간의 감정교환이 이뤄지는 관계 지향적 대화가 이뤄지는 소통단계, 즉 감성으로 소통해야 한다. 일상과 사실을 전달하고, 표면적 의견만을 제시하는 사무적 대화의 단계를 넘어야 한다는 것이다.

그런데 비전문가라도 기본구조만 이해하면 비공식적 코칭은 얼마든지 가능하다. 코칭기법으로 누군가의 삶이나 어떤 조직에 많은 도움을 줄 수 있는데, 부모, 상급자, 리더 등 그 위치와 역할에서 보다 나은 가치를 실현시키기 위해서는 코칭대화가 반드시 필요하다.

또 자신을 의심해보며 스스로에게 질문하고, 더 행복한 삶을 이끌기 위한 셀프코칭은 일종의 자아성찰과정이다. 자! 이제 스스로에게 질문해보자. "원하는 것이 무엇인가?", "필요한 자원은 무엇인가?", 그리고 "지금 상황은 어떤가?"에서부터 코칭은 시작된다.

＊ 신은희 멘토의 감성코칭 ＊

"코칭은 왜 필요할까요?"

　-

"당신의 당신 자신에게 셀프코칭을 해 본적이 있나요?"

　-

"당신은 다른 사람에게 코칭기법을 사용해 본 적이 있다면 언제였나요?"

　-

"당신이 코칭기법을 사용했을 대 상대방의 반응은 어떠했나요?"

　-

"당신이 코칭대화를 사용하려고 한다면 언제 어떻게 해 볼 계획인가요?"

-

리더의 스트레스 관리

"최근 1년간 상사가 불같이 화를 내는 것을 본 적 있습니까?"라는 질문에 대해 구성원들의 60%가 그렇다고 대답했다.

이는 앞에서도 언급한 바 있는 2010년 미국 패스트캠패니의 칼럼니스트 앤크리머의 설문조사에서 나타난 결과로 리더의 감정조절에 대한 문제를 다루고 있다. 리더가 조직관리와 성과향상 등의 책임감으로 겪는 스트레스를 적절히 관리하지 못하면 감정폭발이 일어나게 되는데, 그러면 조직에 악영향을 끼치는 나쁜 리더가 돼버릴 수도 있다.

왜냐하면 리더의 이런 부정적인 감정과 분노 폭발은 바람직한 판단력을 상실케 할 위험성이 크며 구성원들의 감정 상태에까지 상당히 부정적인 영향을 미치기 때문이다. 이른바 '감정 전염'을 일으키게 되는데, 이를 두고 와튼 스쿨의 바르세이드 교수도 "구성원들은 일반적으로 리더의 감정을 파악하는 데 주의를 기울이고, 이에 민감하게 반응하기 때문에, 리더는 구성원들의 감정 형성과 팀 분위기 형성에 큰 영향력을 행사하게 된다.'고 말했다.

그러나 리더에게 필연적으로 존재하는 숙명 같은 스트레스, 하지만 그때그때 아무렇게나 분출하고, 되는대로 행동한다면 얼마나 많은 상처와 손실을 가져오겠는가? 그렇다고 무조건 참고 억제하는 것이 미덕이고, 그래야 더 강한 리더가 된다고 여기면서 차곡차곡 쌓아둔다면 또 얼마나 큰 부정적 기운을 내뿜겠는가? 즉 관리되지 못한 리더의 과도한 스트레스는 결과적으로 조직에 부정적 요소로 작용하며 자신과 구성원의 행복을 멀어지게 만든다.

그렇다면 리더의 스트레스, 어떻게 관리해야 좋은 감정 상태로 좋은 리더가 될 수 있을까?

첫째, 리더의 자기이해다. 자신을 잘 이해하게 되면 스스로를 있는 그대로 인정하게 되고 다른 구성원들에 대한 이해와 수용의 폭도 넓어진다. 먼저 자신의 한계를 인정하고 열등감을 극복하면 긍정적인 자기정체성이 확립되고 자아 존중감이 증진된다. 그러면 역량의 한계를 훨씬 넘어서는 과도한 목표 설정이나 강박적 사고를 줄일 수 있으므로 만족감을 얻게 되고 삶이 행복해질 것이며 이 행복감 또한 구성원들에게 감정 전염을 일으키게 될 것이다.

둘째, 리더의 분노 조절이다. 불안한 감정 상태는 안정된 업무 수행에 저해를 주는 것은 물론 타인에 대한 기대와 요구를 상승시킨다. 그러다가 객관적 판단력을 잃고 실망감과 좌절감을 느끼게 되면 분노감정이 생길 수 있으며, 이를 조절하지 못하면 큰 손실을 초래하고 만다. 또 과거의 경험이나 기억 속에 묻어둔 증오나 복수심을 극복하지 못한 채 벼르고 있다면 현실마저 병들게 되고 미래 지향적으로 나아갈 수 없다. 수많은 자극과 변화하는 상황 속에서도 평정심을 유지하도록 리더의 감정 상태를 수시로 점검하며 어루만지고 다독여야 한다.

셋째, 리더의 역량 강화다. 자격과 자질이 부족한 리더는 자신만 힘든 것이 아니라 조직 전체를 고통스럽게 만든다. 그러나 인간적인 면에서 자신의 부족함을 인식하고 채워나가려는 노력과 함께 자신의 업무 수행에 필요한 전문성을 강화하는 것은 계속해서 바람직한 방향의 에너지를 생성해낼 수 있다. 거기에 감성역량을 키워서 구성원과 자유롭게 소통하고 목표를 향해 함께 나아가는 리더는 조직의 성장과 발전에 핵심적 나침반이 된다. 그것이야말로 리더십 발휘를 위한 지렛대이며 진정한 리더로서 거듭나기 위해 가장 필요한 역량이다.

조직 내에서 막강한 권한을 가진 리더일수록 그 구성원들은 리더에게 잘 보이기 위해 그의 감정 상태에 더 주의 깊고 예민하게 반응한다고 한다. 다시 말해 조직원들은 리더의 언어적, 비언어적 표현 하나하나라도 세심하게 살피고, 그의 감정에 쉽게 영향을 받게 된다는 것이다. 그러므로 리더는 자신의 행복과 함께 조직을 긍정적으로 이끌기 위한 첫걸음으로 스트레스를 잘 관리해 평화로운 감정 상태를 유지하는 것임을 잊지 말아야 할 것이다.

✱ 신은희 멘토의 감성코칭 ✱

"당신이 리더라면 당신에게 가장 스트레스를 유발하는 원인은 무엇인가요?"

-

"당신이 리더로서 스트레스를 관리하지 못하면 조직에 어떤 영향을 끼치게 될까요?"

-

"당신이 리더로서 스트레스를 관리하기 위해 어떤 방법을 사용하게 될까요?"

-

부모감정의 이해와 치유

'자식은 부모의 거울이다'라는 말을 부모는 어떻게 생각할까? 자녀의 모습이나 삶을 보면서 만족해하는 부모는 또 얼마나 될까? 자녀를 자신의 거울처럼 보면서 상처받고 고통스러운 부모는 없을까? 하지만, 자녀의 행복을 원한다면, 먼저 부모의 행복이 중요하지 않을까? 이를 스위스의 정신분석학자 칼 융은 "부모가 원하지 않는 삶을 살 때 자녀들은 심리적으로 가장 큰 영향을 받는다"고도 했다.

자녀를 양육하는 부모는 행복한 감정이기도 하지만, 여러 가지 부족한 요소들로 인해 힘들고 고통받는 감정을 가진 부모도 많을 것이다. 한 예로 얼마 전 이런 상황을 풍자하며 이 시대의 사회문제를 꼬집어 내 젊은이들에게 많은 공감대로 회자되던 '금수저'와 '흙수저', 이 유행어는 자녀들의 좌절감 이상으로 부모들까지도 망연자실케 했다. 자녀를 남보다 더 좋은 환경과 조건에서 자라나게 하지 못하는 부모의 안타까움을 어디에 비할 수 있을까? 한편, 인격적으로 미성숙하거나 치유되지 않은 상처를 가진 부모들은 자녀에게 그 감정이 투사되거나 전이되어 필요 이상으로 강압적이거나 반대로 너무 방임적인 태도를 보이기도 한다.

아무튼 지금의 부모들은 학업이나 취업 등에 시달리는 자녀들 못지않게 힘겨운 감정 상태에 놓여있는 것이 사실이다. 그러나 이런 부모들의 감정을 어루만져 다시 삶의 활기를 찾게 하는 기회는 상당히 드물다. 그보다는 어떻게 하면 자녀에게 좋은 부모가 될 수 있는지만 가르칠 뿐이다. 그래서 필자는 요즘 우리 사회에서 부모로서 살아가면서 겪게 되는 억압되고 상처받으며 움츠러든 부모의 감정을 이해하고 치유하는 방법에 대해 코칭하고자 한다.

첫째, 강박적 사고에서 자유로워져라. 마치 '슈퍼 맘(super mom)', '슈

퍼 대디(super daddy)'가 되겠다며 자녀에게 무엇이든 다 해주려는 태도는 자신은 물론 자녀에게도 악영향을 끼칠 수 있다. 행여 금수저는 아닐지언정 적어도 흙수저가 아닌 은수저나 동수저라도 물려주겠다는 사고방식은 위험하다. 그보다 상황에 맞게 성실한 삶의 가치관과 태도로 살아가는 부모를 보며 자라난 자녀들의 자기 회복력이 오히려 더 강할 수 있다. 그러므로 완벽한 부모가 되려는 무리수에서 빚어지는 혼란과 상처가 아닌, 솔직하고 현실적인 부모로 살아가는 것이 결과적으로 자녀는 물론 부모의 감정까지 안정되게 만들어 새로운 에너지가 된다.

둘째, 자녀를 향한 욕심과 집착에서 벗어나라. '일등 아이', '훌륭한 자녀'로 키워내겠다는 잣대를 부모의 머릿속에 그려놓고, 마치 퍼즐을 맞춰가듯이 계획대로 자녀를 끼워 맞추려 하지 말아야 한다. 오히려 자녀를 더 작아지게 만들고 부담만 줘서 역효과를 내기 쉽다. 그러면 자녀에 대한 불만족으로 좌절감과 분노감정 사이를 오가며 관계의 질마저 저하된다. 때문에 과욕을 떨쳐버려야만 비로소 감정이 한결 가벼워지고, 냉철한 이성도 찾게 된다.

셋째, 자녀의 삶 속에서 **빠져나오라**. 자녀 인생의 중심에 서서 지시하고 통제하며, 자녀의 모습에서 부모를 발견하고 투영시켜 대리만족을 얻고자 하지 말아야 한다. 그러면 이른바 헬리콥터맘이나 독친(毒親)이 돼 끝없는 간섭으로 자녀의 자기 정체성 형성에 걸림돌만 되고, 꿈을 찾아 실현시켜 나가는 데 장해물일 가능성이 높다. 부모가 자녀에게서 독립할 때 자녀도 한 사람의 원만한 사회인으로써 성숙해가게 되고, 그 성장 과정을 객관적으로 지켜보며 격려할 때, 부모도 비로소 자신의 삶으로 돌아와 평화로운 감정 상태를 유지할 수 있다.

넷째, 자신과 자신의 삶을 사랑하라. 즉 부모이기 이전에 하나의 인격체로서 자신의 욕구를 찾고, 일과 취미 등에 자신의 시간과 역량, 에너지를 적절히 배분해 삶의 균형을 이루다 보면 자연스럽게 만족감과 행복감을 느끼게 된다. 그렇게 자신을 소중히 여기는 부모의 안정된 감정기류는 자녀에게도 긍정적인 파장으로 전달되기 때문에 자아존중감은 물론 대인관계나 소통능력 향상에도 좋은 영향을 준다. 그런 자녀를 바라보고 응원하면서 자신의 삶에 충실한 부모는 삶의 기쁨을 한층 더 크게 맛볼 것이다. 늦지 않았다. 지금 시작해 보자!

✶ 신은희 멘토의 감성코칭 ✶

"당신의 부모님께서는 당신에게 어떤 양육태도를 보여주셨나요?"

-

"당신은 부모로써 자녀에게 어떻게 보여 지고 싶나요?"

-

"당신은 자녀에게 어떤 부모이고 싶나요?"

-

"당신의 자녀는 당신이 어떤 부모이기를 바라고 있을까요?"

-

"당신은 지금 어떤 감정을 가지고 있나요?"

-

유아감성촉진 스킬

"안 돼!", "하지 마!"라는 말을 가장 많이 듣게 되는 시기가 언제일까? 아마도 영아기를 지난 유아기의 아이일 것이다. 이는 부모 등의 아주 가까운 양육자나 보육을 담당하는 교사들이 아이의 신체활동 보호나 사회활동에 대한 훈육이 필요하다고 판단될 때 매우 당연하게 쓰는 언어다. 그러나 아이는 일상생활의 아주 사소한 것에서조차 이런 강력한 통제나 지시를 받게 되면 위축되고 의기소침해져 자유로운 성장과 발달에 저해가 될 수 있다. 그러면 불안감과 욕구불만이 생기게 되고, 저항감을 불러일으키거나 분노 성향을 키울 수도 있다.

'중요하지도 위험하지도 않은 일은 아이들의 뜻에 따르게 하라'는 소아정신과 의사이자 행복한아이연구소의 서천석 소장의 말도 아마 그런 의미일 것이다. 그는 또 '아이들은 부모의 사랑을 원한다. 하지만 엄밀히 말하면 아이는 사랑의 대상이 아니다. 아이는 사랑을 원하지만 부모는 진짜로 아이를 사랑해선 안 된다. 만약 부모의 감정이 정말 사랑이라면 아이는 부모의 영향을 너무 크게 받는다. '벗어날 수 없는 사랑이기에'라고 한다. 자칫 아이를 사랑한다는 부모의 감정이 지나친 강요나 구속이 될 위험에 대한 경고일 것이다. 왜냐하면 그렇게 자라난 아이들에게서는 감정 메커니즘이 원만하게 발달해가기 어렵고, 이는 자아의 발달과 성숙과정에도 부정적 영향을 줄 수 있다는 것으로 이해된다.

유아기는 신체적 발달뿐만 아니라 정서적, 심리적, 사회적 발달과 성장을 거듭해 가며, 각각의 요소들이 유기적으로 서로 밀접한 영향을 주는 아주 소중한 시기다. 자유롭고 행복한 감정으로 성장한 아이는 이후에도 안정된 감정 기류를 유지해 나갈 수 있다. 그러므로 유아기에 감정 형성과 감정 처리의 기초 프레임을 원만하게 형성하도록 환경을 조성해주고, 다양한 감정경험을 통해 스스로의 감정을 조절하는 습관을 익혀가도록 도와줘야 한다. 이는 서로 소통하며 협력하는 사회적 인간으로 성숙해갈 수 있는 감성역량을 키워가는 것이다.

그렇다면 유아기의 긍정적 감정 형성과 바람직한 감정처리프로세스 발달을 위한 감정코칭은 어떻게 할까? 필자는 이를 유아의 성장시기별로 나눠 3단계 핵심 감성촉진스킬을 제시한다.

첫째, 1세 유아에게는 감정에 안정감을 주는 것이 가장 중요하다. 아이는 아직 세상에 대한 흥미보다는 낯설고 생소함으로 분리불안이 생기기 쉽다. 공포나 고독 같은 불안 감정을 경험하는 횟수가 많아지면 감정의 기본 틀이 불안정하게 형성된다. 또 신체 내외부로부터 유발된 다양한 감각을 통한 감성은 기쁨, 행복, 슬픔, 분노 같은 감정을 경험하게 한다.

둘째, 2세 유아에게는 적극적으로 오감을 형성하고 체험하도록 더 많은 기회를 줘야 한다. 이 시기에는 호기심이 증가해 매우 활발한 활동을 하기 때문에 거의 대부분의 아이들은 이를 저지당하거나 금기당하기 일쑤다. 하지 말라거나 안 된다는 말을 많이 듣게 되면 감각 형성과 감성 발달의 기회를 놓치게 되고, 반복되고 지속되면 감정 부조화로 혼란스럽게 된다.

셋째, 4~6세의 유아에게는 언어적, 비언어적으로 충분한 의사 표현을 할 수 있도록 격려해야 한다. 안전하게 제공된 놀이 환경 속에서 여러 가지 도구를 사용해 보며 감각을 더욱 발달시키고, 성공과 실패의 감정경험과 집단에서의 타협과 양보를 통한 감정조율을 통해 다양한 상황 속에서 감정 형성과 감정처리기술을 자연스럽게 터득하고 습득해가도록 해야 한다.

이렇게 유아의 감정 메커니즘 형성을 촉진시키려면 부모나 양육자의 감정 관리가 선행돼야 함은 물론이고, 감각 발달과 감성 성장을 위해서는 아이와의 의사소통 과정에서 인내심을 갖고, 감성 경청과 감성 화법을 통한 감성소통 노력을 안정되고 끊임없이 실천해야 성공적이다.

* 신은희 멘토의 감성코칭 *

"유아기의 감정형성은 왜 중요할까요?"

-

"유아기의 감성발달이 그의 감정형성에 어떤 영향을 줄까요?"

-

"부모의 감정이 유아의 감정형성에 어떤 영향을 주게 될까요?"

-

"아이와의 감성소통을 위해 부모는 어떤 노력을 해야 할까요?"

-

청소년기의 감정코칭단계

'학교라는 감옥에서 교복이라는 죄수복을 입고 출석부라는 죄수명단에 적힌 채 졸업이라는 석방을 기다린다.' 이는《청소년 감정코칭》이라는 책에 나오는 대목으로, 저자에 의하면 청소년이 직접 쓴 내용이라고 한다. 도대체 청소년들이 무슨 죄를 지었기에 감옥에 갇힌 죄수의 심정이어야 한단 말인가? 이것이 일부 극단적인 소수의 생각이라 무시할 수 있다면 얼마나 좋겠는가? 그러나 아무도 자신 있게 부정하지 못한다.

그런데, 우리의 청소년들은 학교만 감옥으로 여기는 것 같지는 않다. 그뿐만 아니라 상당수는 편안한 휴식과 위로가 되어야 할 가정에서조차도 편안함을 느끼지 못하고 있는 것 같다. 어쩌면 집은 또 다른 감옥과 교도관이 지키고 훈육하는 곳이라고 생각할 수도 있다. 아니길 바랄 뿐이다. 가정이든 학교든 사회든, 청소년들에게 그렇게 여겨져서는 안 되겠다.

하지만, 매년 6~7만 명 정도의 청소년들이 그 감옥을 탈출하듯 학업을 포기하고 학교 밖으로 나가고, 심지어 어디서 무엇을 하는지 파악조차 안 되는 청소년들이 20~30만 명이나 추정된다고 한다. 또한 이미 커다란 사회현상으로 새로운 충격도 아닌 가출청소년들의 문제는 또 어떠한가? 이렇게 지금 우리 사회의 청소년들은 위기상황에 놓여있는 것이 분명하다.

청소년기가 질풍노도의 시기라 일컬어지듯, 청소년들은 미성숙한 심리와 감정 상태를 가지고 있다. 그들은 아직도 유아기적 사고방식에서 벗어나지 못하거나, 필요 이상의 불안과 갈등을 겪으며 자신들의 꿈을 마음껏 펼쳐보지도 못하고 어른들이 만들어 놓은 틀에 갇혀 감정마저 수동적이고 보수적인 성향을 강요당하고 있기 쉽다. 그저

순응하는 것이 미덕이요, 참는 것이 모범이 된 지 오래다. 풍부한 감각으로 감성을 키워가며 그 감정을 자연스럽게 발산하는 아름다운 사춘기를 말이다.

그러다 갑자기 부모와의 말문을 닫아버리거나, 성적 좋던 학생도 폭력이나 범죄에 노출되며, 설마 했는데 극단적 자해로 충격을 주는 경우 등은 결코 우연이 아니다. 그것은 군대나 직장에서의 신체적, 언어적 집단 괴롭힘이나 분노폭발로 이어지기도 하는데, 이는 원만한 인격성숙단계나 감정조절방법을 터득하지 못한 채 청소년기를 보낸 결과라고도 볼 수 있다.

그래서 청소년기에 감정 상태를 인지하고 표현하게 하고, 공감하며 긍정적인 방향으로 이끌어 갈 수 있도록 적극적으로 도와야 한다. 필자가 제안하는 감정코칭 단계와 방법은 그들이 학교 안에 있든, 밖에 있든, 그것은 문제가 되지 않으니, 부담 없이 적용해 보면 좋겠다.

첫째, 지금 그가 어떻게 느끼고 있는가? 현재 그의 감정 상태를 정확히 아는 것이 감정코칭의 출발이다. 그러기 위해서는 눈을 감고 잠시 명상에 잠겨 보도록 한다. 그를 구속하지 말고, 자신만의 시간을 주며, 조용한 가운데 무엇을 어떻게 느끼는지 알게 해 보라.

둘째, 그는 자신의 감정을 제대로 표현할 수 있는가? 자신의 감정 상태를 알아내고도 그것을 잘 표현해내기가 쉽지 않다. 편안한 상태에서 자신의 기분과 느낌을 말해보도록 하라. 처음에는 서툴고 어색할 수 있다. 그러나 그때마다 반복하다 보면 어느덧 자연스러워진다.

셋째, 그는 지금 공감받고 있다고 여기는가? 그가 느끼고 표현한 감정 상태를 공감해주며, 그것을 그가 알 수 있게 하라. 그의 감정을 비판하거나 교육하려 들지 말라. 설사 틀린 의견이라 판단되더라도 꾸짖지 말라. 그럴 수 있다고 이해하고 수용하는 태도가 필요하다.

넷째, 그가 앞으로 어떻게 할 것인가를 스스로 찾아냈는가? 실천하기 가장 좋은 조건은 자기 자신이 방법을 찾아내고 결정한 일이다. 적당한 방법을 제시하거나 마치 정답이라도 가르쳐주는 것 같은 훈육은 말짱 도루묵이 될 수 있다. 시간이 걸리더라도 자신이 길을 찾도록 기다려주고, 지켜봐주며 격려하라. 결국은 스스로 알아내고 실행에 옮기게 될 것이다.

∗ 신은희 멘토의 감성코칭 ∗

"청소년기의 감정 상태가 위기에 놓여있다면 그 이유는 무엇일까요?"

-

"청소년기의 감정발달에 도움을 줄 수 있는 방법에는 어떤 것들이 있

을까요?"

-

"청소년기의 감정표현에 도움을 주려면 어떻게 해야 할까요?"

-

상처받는 군인을 위한 치유

"아무리 겁이 나도 군대만 하겠냐?" 어느 예능 프로그램의 진행자가 출연자에게 한 말이다. 군대는 이처럼 가장 겁나는 곳일까? 정말 그렇다면 왜 겁이 나는 것일까? 전쟁으로부터의 위협, 아니면 도대체 무엇일까? 그렇다. 바로 그 이유로 인해 최근 우리 사회는 깊은 고민에 빠져 있다.

군인들이 아파하고 있다. 온갖 신음소리가 문밖으로 들려오고, 때때로 그들의 상처가 드러나고 출혈이 일어나기도 한다. 문제는 훈련이

힘들고 전쟁이 두려워서가 아니다. 군기를 앞세운 구타나 가혹 행위로 사망에 이르는 인권유린의 악습이 반복되고, 자살이나 탈영, 때로는 아군끼리 총을 겨누고 포탄을 던지는 극한 상황까지 벌어진다. 어디 그뿐인가? 성 관련 범죄도 공공연히 일어나고 있지만, 군조직의 특성상 상황은 은폐되고 왜곡되기 십상이다.

그러는 동안, 남자들의 군대 시절 무용담도 어느덧 아름답게 들리지 않게 되고, 군복에 대한 시선이 부담스러워졌으며, 직업군인들의 자존감마저도 낮아지고 있다. 이는 군 본연의 임무 수행 저하는 물론 국방력까지 약화될 가능성으로 큰 위기가 될 수도 있다. 이대로 방치해 둘 수 없으며, 조기 수습에 급급한 미봉책이나 시간이 흐르기만을 기다리는 안이함은 더 큰 화를 불러일으킬 것이 뻔하다. 반복되듯 겉도는 형식적인 처방은 지병을 악화시킨다.

필자는 군부대 강의 중에 군인들 앞에 설 때면 가슴이 뭉클해진다. 간호장교로 10년을 살았었기에 작금의 이런 상황은 더욱 절절한 아픔과 안타까움으로 다가온다. '어찌하여 그대들은 군복을 입고, 지금 여기에 있는가? 또 무엇을 생각하고, 무엇을 행하는가?'라고 생각하면 이내 코끝이 찡해지고, 손을 맞잡아 부둥켜안고 등을 쓸어주고 싶어진다.

'군'은 듣기만 해도 스트레스 상황을 유발하기에 충분하다. 사랑하는 가족과 친구, 익숙한 환경으로부터 격리된 채로 식욕, 배설욕, 수면욕, 성욕 등 인간의 가장 기본욕구에 이르기까지 자유롭게 보장받을 수 없는 곳이 군대 아닌가? 더구나 요즘 병사들이나 초급 간부들은 어린 시절 군 조직과는 꽤 다른 자유분방한 사고와 창의력 교육 속에서 자랐으며, 질풍노도의 사춘기에는 입시 위주의 교육과 함께 왕따 문화, 학교폭력에 지긋지긋하게 시달린 세대다.

　그렇게 누적된 욕구불만과 성숙되지 못한 불안한 인격체로 대학생활과 취업이라는 우리 사회의 더 큰 숙제로 방황하다가 어느 날 갑자기 이방인의 세계와 다름없는 군대에 들어와 낯선 공간에 고립된다. 반드시 정신과적 병력이 있는 경우가 아니더라도 획일적인 소통체계와 경직된 조직문화, 특수한 임무 상황에 적응하는 동안 누구든지 우울해질 가능성이 있다.

　결국 이런 상태가 지속되면, 불안은 분노로 발전하게 되고, 해소되지 못한 분노 에너지는 강화되어야 할 국방력이 아닌 엉뚱한 곳으로 발산돼 자신도 모르게 또는 고의적으로 비정상적인 판단과 행동으로 나타날 수 있다. 그리고 그것이 한 개인을 넘어 집단문화로 자리 잡게 되면 조직에서는 자연스럽게 받아들여지게 되면서 무서운 집단착오에 빠질 수도 있다.

　이대로는 안 된다. 여기서 그들을 더 몰아세워 비난하고, 채찍으로 처벌하는 것만이 능사는 아니다. 상처투성이인 군대, 지금 피 흘리며 고통받는 그들에게는 예리한 칼날보다 더 절실한 치료약이 있다. 그것은 따뜻하게 어루만져 줄 치유의 손길이다. 왜냐하면 그들은 군인이기 이전에 사람이고, 우리와 함께 이 시대를 살아가는 가족, 친구, 동료이며, 그렇게 치유된 건강한 군인들의 군대가 더 강하고 튼튼한 국방을 가능케 할 것을 믿기 때문이다.

"군인들에게 스트레스를 유발시키는 요인에는 어떤 것들이 있을까요?"

-

"군인들에게 가장 견디기 힘든 감정, 즉 분노를 유발시키는 상황은 무엇일까요?"

-

"군인들의 분노감정을 조절하도록 돕는 방법에는 어떤 것들이 있을까요?"

-

직장에서 살아남기

 '불만 있으면 나가라, 아니면 다른 데 보내주겠다', '잔말 말고 시키는 대로 해', '바로바로 보고해야 할 거 아니야? 왜 이렇게 개념이 없어?' 등은 직장인들이 상사에게서 흔히 듣는 폭언사례들이다. 또 '머리는 장식품으로 가지고 다니냐?', '일을 이따위로 하고 밥이 넘어가냐?'는 등은 한 취업포털의 직장인 대상 설문조사 결과, 회사에서 가장 많이 듣는 인격모독형 폭언이라는 답변도 나왔다. 듣기만 해도 감정에 상당히 상처를 입히는 말들이다.

직장생활 중 겪는 어려움이 어디 이뿐인가? 이런 언어폭력뿐 아니라 국제노동기구에서도 직장 내 폭력으로 규정한 심리적 괴롭힘, 감정적 학대, 집단적 따돌림 등 이른바 '직장 내 괴롭힘'이 비일비재하게 발생하고 있는 것이 사실이다. 지난해 한국직업능력개발원이 '직장에서의 따돌림 실태'를 조사한 결과에서도 직장인의 86.6%가 괴롭힘을 당한 경험이 있다고 답할 정도이며 이제 직장인 10명 중 1명은 겪고 있다는 사회문제가 됐다. 더 이상 간과할 수 없는 지경에 이르렀다.

그렇다면 이런 상황에 놓인 직장인들은 어떤 행동을 보이게 될까? 많은 연구들에 따르면, 직장에서 따돌림을 당하면 대개 심리적으로 불안해지고, 직장 내 업무에 대해 부정적인 태도를 갖게 되므로 직무만족도가 낮아지며 이직 의도가 높아지는 것으로 알려져 있다. 이런 일이 계속 발생하거나 반복된다면 개인에게서는 근무의욕이 떨어지고, 조직에서는 생산성을 저하시키는 부정적 요소로 작용하는 것이 분명하다. 즉 개인의 능력 발휘와 행복한 삶, 그리고 효과적이고 효율적인 조직관리를 위해서 반드시 예방하고 적극적으로 대처해야 할 문제인 것이다.

스웨덴이 1993년 채택한 '직장 괴롭힘 조례'나 핀란드의 산업안전

보건법 내 '직장 괴롭힘과 기타 부적절 행동에 관한 특별조항'처럼 우리나라도 직장 내 괴롭힘 방지 교육을 실시하고 가해자를 처벌하는 내용을 중심으로 한 근로기준법 일부 개정 법률안이 발의되었는데, 정당한 이유 없이 6개월 이상 업무에서 배제하는 행위, 불필요하거나 모순적인 업무 지시 반복, 모욕적인 발언, 허위 사실을 상급자나 동료직원에게 퍼뜨리는 것을 직장 내 괴롭힘으로 규정했다. 요즘 사회현상을 반영한 법률로써 조속히 시행되어야 할 것으로 보인다.

그런데, 이런 문제들은 공식적인 법률이나 처벌, 조직관리 차원으로만 다 해결되는 것은 아니다. 즉 직장인 스스로도 자신을 잘 조절하고 관리하려는 노력이 요구되는데, 이를 위해서는 무엇보다도 먼저 자신이 속한 조직사회에서 요구하는 업무수행에 필요한 지식과 기술을 갖추는 것이 기본이다. 거기에 구성원들과 조화롭게 융합할 수 있는 성격이나 행동성향을 계발해 원활한 소통을 이어나가야 한다.

특히 직장 내 인간관계에 큰 영향을 미치는 감정 관리능력, 다시 말해 자신은 물론 타인의 감정인식과 동기화 및 적절한 감정표현을 통한 대인관계역량을 향상시켜야 한다. 어떤 상황에서 자신의 감정에 심각한 손상을 입었다고 느낄 때, 후회할 만한 행동을 절제하며, 돌이킬 수 없는 결과를 초래할 위기를 막아야 하는데 이때 적용할 수 있는 방법으로 다음 세 가지를 제안한다.

첫째, '짧게 심호흡 후, 마음속으로 하나, 둘, 셋을 세라!' 자신을 잃어버리는 시간은 한순간일 수 있다. 공든 탑을 무너뜨리지 않도록 거기서 멈춰야 한다. 짧은 3초 동안의 심호흡과 멈춤이 자신과 자신의 삶을 지켜줄 수 있다.

둘째, '어떠한 어려움도 이겨낼 수 있다고 자신을 격려하라!' 여기서 또 잘못되고 후회하지 않도록 자신을 응원하자. 이루고자 하는 꿈을 떠올리는 것도 좋다. 그리고 그 모습을 상상하며 힘을 내자.

셋째, '참아내길 참 잘했다고 스스로를 쓰다듬어라!' 비굴하게 또 참았다는 자책은 금물이다. 용기 있게 이겨낸 자신을 담대하게 위로하며 다독여주자.

"괜찮아, 괜찮아, 참 잘했어!"

⋆ 신은희 멘토의 감성코칭 ⋆

"직장인에게 스트레스를 만드는 요인에는 어떤 것들이 있을까요?"

−

"직장인이 분노를 느낄 때 가장 해서된 안 되는 행동이 있다면 무엇일까요?"

−

"어떻게 하면 직장인의 분노감정을 조절하게 도와줄 수 있을까요?"

−

"직장인 스스로 분노감정을 조절하기 할 수 있는 방법은 무엇일까요?"

−

부부, 서로의 감정을 어루만지다

'부부싸움은 칼로 물 베기'라고 했다. 아무리 칼로 물을 베어봐야 흔적도 없이 사라지듯 부부 간의 싸움도 유유히 흐르는 물처럼 그렇게 아무 일 없었던 것처럼 지나간다는 말이다. 그야말로 검은 머리가 파뿌리 되도록 부부는 싸우더라도 곧 다시 화해하며 언제 그랬냐는 듯 아픈 흔적 없이 살아가게 된다면 참 다행일 것이다.

그러나 칼에 베이는 고통을 겪게 되고, 그 상처에 고름이 생길 수도 있으며 깊은 흉터로 남거나 영원히 골이 패일 수도 있다. 그러다가 그

골에 감정이 켜켜이 쌓이면 도저히 넘을 수 없는 산이 되기도 한다. 가장 가까운 사람이면서도 가장 멀게 느껴지는 대상이 바로 부부가 아닐까? 너무 가까워서 촌수도 따질 수 없었던 부부는 이렇게 어느덧 남보다 못한 불편한 관계가 되고, 서로 원망과 분노의 키는 갈수록 높아지며 아예 상대에게 냉담한 채로 살아가게도 된다. 처음 부부가 될 때는 아무도 원치 않았을 결과로 내닫고 만 것이다.

그렇다면 부부가 좋은 감정과 관계로 살아가기 위해 필요한 것은 무엇일까? 그 답은 존 가트맨이라는 부부관계 치료 전문가가 35년간 부부 수천 쌍의 생활 속 관계 형성을 조사하고 분석해 저서에서 밝힌 결과에서 찾을 수 있다. 그가 밝힌 핵심 키워드는 바로 '긍정'과 '공감'이다. 즉, 행복한 부부들이 선택한 특별한 방법은 다름 아닌 상대를 존중하고 인정하는 감정을 중요시한다는 것이다. 그들은 아주 사소한 일상에서부터 어떤 문제에 부딪혔을 때 부정적 측면보다 긍정적 측면에서 실마리를 찾는다고 한다. 서로 마주보고 대화하는 시간이 많고, 관심을 보이며 고개를 끄덕이거나 맞장구를 치듯 감정을 공유하는 모습들이 많이 관찰되었다는 것이다. 물론 불행한 부부들에게서는 더 말할 나위 없이 이와는 정반대의 모습이 관찰되었는데, 상대방의 말을 경청하지 않고, 거부반응을 보이는 표정이나 자세, 상처 주는 말을 내뱉으며 감정 절제가 안 돼 격하게 상승하는 상황이 자주 보여 졌다고 한다.

이런 안타까운 상황을 만들지 않고 부부 사이의 좋은 감정을 유지하기 위해서는 어떻게 해야 할까? 또 설사 이미 갈 데까지 간 지경에 이르렀다하더라도 회복할 방법은 없을까? 그래서 부부를 위한 감정 코칭으로 다음 세 가지를 제안해본다.

첫째, 서로를 독립적 인격체로 존중하자. 성별, 유전, 환경, 습관, 가치관 등 모든 것이 서로 다른 사람이 만나 부부가 되었다. 이심전심, 일심동체처럼 자기 뜻대로 다 될 것 같은 환상을 버리자. 서로 공유하며 삶의 가장 밀접한 관계로 살아가는 동반자라 여기자. 서로 인정할 것은 인정하게 되면 마음이 편안해진다. 감정도 누울 자리가 생겨야 여유를 갖는다.

둘째, 자신의 자존심은 버리고, 상대방의 자존심은 세워주자. 자신의 자존심을 끝까지 지키려다 후회한 적은 없는가? 무심코 습관적으로 또는 작정하고 의도적으로 상대방의 자존심을 무너뜨려 화를 부르지는 않는가? 서로 감정의 성을 공격하지 말고 정성스럽게 감싸주며 의사소통 스타일을 이해하고 효과적으로 맞춰간다면 평화로운 감정 기류를 유지할 수 있다.

셋째, 상황이 잘못되어가고 있을 때 용기 있게 먼저 사과하자. 이때 사과는 완전한 사과여야 하고, 상대방은 그 사과를 통 크게 받아주자. 늘 좋은 일, 잘한 일만 있겠는가? 일이 안 좋아졌을 때 가능한 빨리 용서를 구해야 한다. 영국에서 결혼 80주년을 맞은 세계 최장수 부부의 결혼생활 비결은 "미안해 여보", "괜찮아 여보"라는 두 마디의 말이었다고 한다.

아이가 아플 때 '엄마 손은 약손'이라고 한다. '부부에게 약손은 바로 부부의 손'이다. 진심으로 따스하게 어루만질 때 상처도 고통도 씻은 듯 나을 것이며, 보이지 않는 마음의 약손은 부드러운 눈빛, 따뜻한 말 한마디로 나타나 위로가 되며 감정치유의 명약이 될 것이다.

＊ 신은희 멘토의 감성코칭 ＊

"부부가 서로 행복하려면 어떤 감정 상태를 유지해야 할까요?"

-

"부부의 감정에 손상을 주는 말에는 어떤 것들이 있을까요?"

-

"부부감정에 긍정적 영향을 주는 말에는 어떤 것들이 있을까요?"

-

"부부감정에 상처를 입었다면 치유할 수 있도록 어떤 노력을 해야 할
까요?"

-

행복한 노인으로 살아가기

'나는 이제 쓸모없는 사람이야'라는 생각을 어느 세대에서 가장 많이 할까? 또 '나는 인생을 잘못 살아왔다', '만사가 귀찮다'라며 마치 아무런 감정도 없는 것처럼 보이다가도 삶에 대한 억울함과 주위에 대한 원망으로 이어져 불현듯 걷잡을 수 없는 분노가 치솟기도 해 자신은 물론 주변 사람까지도 당황스럽게 되는 경우, 이는 두말 할 것도 없이 인생의 황혼기, 노인에게서 나타나는 감정 상태와 그 표출상황이다.

육체적 노화와 질병, 심리적 위축과 불안정한 정서, 그리고 사회적 고립과 약화된 경제 상태에 놓인 노년기, 이 불안정한 세대의 삶을 두고, 일본의 여류작가 소노 아야코는 《계로록(戒老錄)》에서 멋지게 늙어가는 방법들을 제시했다. 젊음을 시기하지 말고 진짜 삶을 누릴 것, 홀로 서고 혼자서 즐기는 습관을 기를 것, 지난 일을 푸념하지 말 것, 쓸데없이 참견하지 말 것, 남에 대한 기대를 버릴 것 등으로 노인의 감정관리 방법으로도 공감되는 말이다.

스스로 감정을 조절하는 데 있어서 어려움을 겪는 원인을 보면 자신의 명확한 감정을 인식하는 것부터 어렵고, 인식한 감정에 대한 수용이나 대처, 즉 감정처리의 곤란과 감정을 통제하는 조절능력이 저하되어 있는 경우가 대부분이다. 특히 수동성과 조심성, 애착성과 경직성이 강해지는 노인의 심리상태를 고려하면 그러한 감정관리능력이 삶의 질에 미치는 영향은 매우 클 것이다. 그러므로 여러 가지 위태로운 상황에 놓인 노년기 삶의 만족도를 높이고 행복한 노인으로 살아가기 위해서는 무엇보다도 감정 관리를 잘 해나가는 것이 매우 중요하다. 그렇다면 노인은 자신의 감정을 어떻게 관리하는 것이 좋을까?

가장 필요한 것은 현재의 자신을 있는 그대로 받아들이는 것이다.

그러기 위해서는 먼저 과거의 자신 속에서 걸어 나와야 한다. 즉, 예전의 상황을 몹시 그리워하거나, 후회하면서 여전히 과거의 삶 속에 빠져 있다면 현재의 자신을 용서하거나 받아들이기 힘들다. 지금 자신에게 남아 있는 것들을 소중히 여기고, 앞으로 할 수 있는 것들을 찾아 작은 것이라도 실행해 나가다 보면 새로운 의미와 가치를 얻게 돼 소소한 행복이 함께 할 것이다.

그럼에도 불구하고 도저히 스스로 극복할 수 없는 스트레스 상황이 지속돼 우울증으로 발전하고, 커져가는 분노는 감정폭발을 일으키기 쉬운데, 그럴 때는 어떻게 할까? 잠깐이지만 직접 몸으로 실행해보면 마음이 평온해지고, 감정을 관리할 수 있는 몇 가지 방법을 소개한다. 꼭 노인이 아니더라도 도움이 될 터이니, 감정조절이 필요할 때 적용해 보길 바란다.

먼저, 양팔을 크게 펼쳐 동시에 안에서 밖으로 내젓기를 해보자. 심호흡과 함께 반복하고, 입 밖으로 소리도 내보자. 가슴속에 맺히고 응어리진 감정 덩어리가 풀어져 내뿜다 보면 한결 편안한 호흡과 가벼워진 가슴의 무게를 느낄 것이다. '욱' 하고 터드릴 것만 같은 분노의 핵도 누그러뜨릴 수 있으며, 불같이 솟구치는 감정의 소용돌이를 잔

잔하게 잠재울 수도 있다.

　다음은 눈동자를 빠르게 굴려보자. 머릿속에 깊숙이 박혀 있던 아프고 후회스러웠던 일을 떠올리면서, 눈을 크게 뜨고, 최대로 원을 그리며 눈동자를 굴려야 한다. 이 방법은 뚜렷이 각인된 고통스러웠던 기억을 지우는 데 도움이 된다. 이렇게 심리적 상처를 치유하고 말끔히 씻어내지 않으면 다른 즐거운 일들이나 기쁨이 찾아와도 또다시 되살아나고 괴로워진다.

　그리고 머리를 좌우로 강하게 두세 번 흔들어보자. 떨쳐버리고 싶은 잡념이나 고민, 지속적으로 고착된 부정적 생각이 머릿속을 혼란스럽게 하거든 적극적으로 털어내야 한다. 그대로 두면 그것들이 나의 감정을 지배하고 나를 통제하려 든다. 과감하게 떨치고 일어나 크게 한 번 웃어보자. 의외로 아무것도 아닌 경우도 많고, 그로부터 자유로워질 수 있다.

＊ 신은희 멘토의 감성코칭 ＊

"노인의 감정에 상처가 되는 말에는 어떤 것들이 있을까요?"

-

"노인의 상처받은 감정을 위로하기 위해 도울 수 있는 방법들은 무엇일까요?"

-

"노인 스스로 분노감정을 만들지 않기 위해 자기 가신이 노력해야 하는 것은 무엇일까요?"

-

"노인이 자신의 행복한 감정을 위해서는 스스로 어떤 노력을 해야 할까요?"

-

제4장

퍼스널브랜딩을 위한
감성코칭

퍼스널브랜딩으로 셀프마케팅하라

"결국 이름값 하는군!", "역시 브랜드가 있어야 믿을 수 있어!", "어느 브랜드지?"

이름값이란 세상에 널리 알려진 상태나 정도에 맞는 됨됨이를 말하며, 브랜드란 어떤 상품을 다른 것과 구별하기 위하여 사용하는 상표로서 이름이나 기호, 도안 등을 통틀어 이르는 말이다. 그것은 개인이나 기업, 국가에 대한 것일 수도 있고, 사물이나 제품에 대한 것이기도 한다. 그래서 어떤 사람이나 상품의 이름을 듣거나 보았을 때 그 대상을 안다는 것과 동시에 그에 대해 떠오르는 느낌은 이름값이나 브랜드에 대한 기대치이다. 그래서 브랜드의 가치는 단지 식별기능을 넘어 자산기능을 갖게 된다.

그러나 브랜드나 브랜드가치는 저절로 생기는 것은 아니다. 브랜드콘셉트를 계발하고 브랜드아이덴티티(Brand Identity)를 디자인해 그 이미지를 만들어내고 관리해야 한다. 그리고 브랜딩(Branding)은 단지 그 이름을 관리하는 것이 아니라 가치를 관리하는 것이다. 즉, 고객의 머릿속에 어떻게 자리 잡고, 무엇을 떠오르게 할 것이며 그들의 마음을 어떻게 움직이게 할 것인가라는 의미이며, 그렇기 때문에 브랜딩은 마케팅의 핵심요소가 된다.

그런데 지금은 개인에게서도 브랜딩이 필요한 시대다. 그 이유는 다양화된 사회 속에서 차별화된 개인의 역량과 가치에 따라 역할을 수행하고, 그에 필요한 신뢰감과 인지도가 강조되는 현대사회에서는 조직이나 기업처럼 개인도 브랜드화가 필요해진다. 이를 퍼스널브랜딩(Personal Branding)이라 하는데, 다른 사람들과 확연히 구별되는 '나'를 알리고 표현해 전략적으로 관리하는 셀프마케팅(Self Marketing)을 위해서는 반드시 갖춰야 할 필수조건이다.

그리고 그 셀프마케팅을 위한 퍼스널브랜딩에서 중요한 것은 개인이 추구하는 가치나 방향, 직업이나 직무, 임무나 역할 등에 어울려야 하고, 그것을 매우 적절하게 표현해야 한다.

이는 단지 옷을 잘 차려입는다든가, 잘생긴 외모만으로 어필하거나 달변가처럼 유창하게 말을 잘하며 화려한 스펙과 경력을 자랑하는 것만을 의미하지는 않는다. 퍼스널브랜딩이란 어느 기업의 브랜드를 다른 기업에서 그대로 사용할 수 없듯이 한 개인에 있어서도 다른 사람들이 대체할 수 없는 여러 가지 개별적 요소를 독자적으로 차별화하고, 그것을 통합적으로 관리해야 한다. 또 요즈음은 시대의 흐름에 맞춰 이성적 요소들과 다양한 감성적 요소들을 잘 융합해야 더 높은 브랜드 가치를 만들어낼 수 있다.

한편 효과적인 퍼스널브랜딩을 위해 가장 우선해야 할 것이 있다 그것은 자신에 대한 깊은 이해로 출발해야 한다. 자신이 가지고 있는 남다른 강점과 보완할 점들을 객관적이고 구체적으로 분석하는 것이 퍼스널브랜딩의 첫걸음이다. 거기에다 아직 자신이 채 개발하지 못한 잠재력을 발굴해야 한다. 의외로 자신도 모르는 잠재적 요소가 상당히 많이 숨어 있다.

그렇다면 이러한 퍼스널브랜딩을 위해 현대 사회인이 갖춰야 할 필수요건에는 어떤 것들이 있을까? 필자는 다음 몇 가지 전략을 제시하고자 한다. 먼저 역할에 어울리는 이미지메이킹, 상대를 배려하는 소셜매너, 공감과 설득의 스피치, 호감을 주는 자기소개, 혁신적 회의를 만드는 능력, 읽는 이의 마음을 얻는 글쓰기, 성공하는 면접 비법 등이 바로 그것이다.

하지만 자신을 과장하거나 겉모습만 포장해 고객을 속이는 브랜드마케팅은 안 된다. 이는 허위광고나 과대광고로 곧 신뢰를 잃거나 불량브랜드로 전락하고 말 것이다. 자신 있고 당당하게 성공적으로 퍼스널브랜딩하자. 그리고 지속적인 브랜드관리로 셀프마케팅해 보자.

⋆ 신은희 멘토의 감성코칭 ⋆

"퍼스널브랜딩은 왜 필요할까요?"

—

"당신이 퍼스널브랜딩을 한다면 가장 중요하게 여기는 것은 무엇인가요?"

—

"퍼스널브랜딩을 위해서 준비해야 할 것들은 무엇일까요?"

—

"퍼스널브랜딩을 할 때 주의해야 할 사항은 무엇일까요?"

—

역할에 어울리는 이미지메이킹

"호감은 생기는 것이 아니라 만드는 것이다." 아마존의 베스트셀러 작가 패트릭 킹은 그의 저서 《호감레시피》에서 이렇게 말했다. 우리는 왜 호감이 필요하며 어떻게 만들어야 할까?

또 이탈리아의 정치학자 마키아밸리는 "사람들은 당신이 어떤 사람인 것처럼 보이는가는 알지만, 실제로 당신이 어떤 사람인가를 아는 사람은 거의 없다"고 했다. 과연 그럴까?

당신은 어떤 사람인가? 아니 당신은 다른 사람들에게 어떤 이미지를 심어주고 있으며, 그들은 당신을 어떻게 평가하고 있겠는가? 떠올리면 미소가 지어지는 사람, 만나면 기분이 좋아지는 사람, 어떤 일이든 잘해낼 것 같은 사람, 어떤 일을 함께 의논하고 싶은 사람, 어떤 일을 함께 추진하고 싶은 사람, 뭐든 얘기해도 뒷일을 걱정 안 하고 괜찮을 것 같은 사람, 무엇이든 얘기해도 말이 통할 것 같은 사람, 당신은 그런 사람인가? 아니면 그 반대인가?

어떤 사람에 대해 갖게 되는 그런 느낌을 인상 또는 이미지라고 한다. 인상이란 어떤 대상을 보거나 들었을 때 그것이 사람의 마음에 주는 느낌이나 작용을 말한다. 그리고 이미지란 표정, 말투, 목소리, 옷차림, 매너 등이 한 장의 사진처럼 형상화되어 타인에게 그대로 전달된 후 오랫동안 기억되는 인상이다.

그러므로 이미지메이킹이란 타인에게 좋은 인상을 심어주기 위한 자기 변신의 방법이며 현대를 살아가는 우리로서는 자신의 상황과 역할에 가장 잘 어울리는 이미지를 만들고 표현해서 호감을 전달하려는 노력이 요구된다. 왜냐하면 상대에게 호감을 주지 못하면 관계형성이나 소통에 장애가 생기고, 그렇게 되면 결국 사회 속에서 자신이 원하는 역할을 잘 수행하기 어렵거나 원하는 것을 얻을 수 없기 때문이다.

　절대빈곤 극복이 목적이었던 농경사회에서는 역할에 있어서 누구나 별다름이 없었고, 기계와 문명의 발달로 제한된 공간 속에서 각자의 전문성을 가지고 한 가지 일에 몰두했었던 산업사회, 그리고 다양성과 상대성을 추구해오던 정보화 사회를 거쳐 오면서 지나치게 강조되었던 이성의 시대를 지난 지금은 인간의 또 다른 본성을 찾는 감성의 시대다. 감각을 통해 느껴진 감성으로 형성된 감정, 그것을 감각적으로 표현해내는 특성, 감성이 바로 그 핵심이다.

　한 예를 보자. 제35대 미국 대통령 후보 TV토론이었던 닉슨과 케네디의 맞대결이다. 토론이 벌어지기 전, 탄탄한 정치경력과 능력을 인정받은 닉슨은 정치 신인으로 열세한 상황이었던 케네디에 상당히 앞선 지지율이었지만, 토론 후 결과는 반등되었다. 토론에서 보여준 두 후보자의 이미지는 아주 상반되었으며 결국 미국인들은 대통령으로 케네디를 선택했다. 뛰어난 내용과 유창한 언변이었지만 상대를 흘겨보듯 불안한 시선으로 진땀을 흘리는 어두운 표정과 칙칙한 의상에 경직된 자세로 상대를 공격하던 모습의 닉슨은 치명적 인상을 심어주게 되었다. 반면 밝은 표정으로 여유 있는 미소를 짓고 또렷한 시선으로 카메라를 바라보고 국민과 눈을 맞추며, 당당한 목소리와 설득력 있는 제스처, 신뢰감 있는 의상과 자신감 있는 자세로 자연스럽게 토론을 이어간 케네디는 국민의 마음을 사로잡기에 충분했던 것이다.

이는 심리학자 앨버트 매러비언의 차트에서도 볼 수 있는데, 이미지는 시각적 요소가 55%, 청각적 요소가 38%, 그리고 말의 내용이 7%라고 했다. 즉, 닉슨은 단 7%로 어필했다고 하면, 케네디는 93%로 다가갔다고 할 수 있다. 그리고 감성 지능을 주장한 심리학자 다니엘 골먼도 인간은 이성적으로 호소하기에는 한계가 있고, 감정, 감성에 호소해야 한다고 했으며, 그 비율을 20% 대 80%로 감성적인 측면을 매우 중요시했다.

그리고 필자는 여기에 한 가지를 더 강조한다. 이미지메이킹은 긍정적인 요소를 부각시키는 것도 중요하지만, 그보다도 자신에게서 부정적인 요소를 먼저 제거하는 것이 우선이다. 더하는 것에 너무 치중하지 말고, **빼야 할 것을 먼저 제거하는 것**이 더 효과적인 이미지메이킹의 팁이 될 수 있다.

"지금 나에게서 버려야 할 것은 무엇인가?"

＊ 신은희 멘토의 감성코칭 ＊

"퍼스널브랜딩에서 이미지메이킹은 왜 필요할까요?"

-

"당신이 이미지메이킹에서 기대하는 효과는 무엇인가요?"

-

"이미지메이킹에서 중요하게 다뤄야 할 요소들은 어떤 것들 인가요?"

-

"당신의 역할에 어울리는 이미지메이킹은 어떠한 것이라고 생각하나요?"

-

"당신이 이미지메이킹에서 가장 강조하고 싶은 점은 무엇인가요?"

-

"당신이 이미지메이킹을 위해 보완하거나 축소시켜야 할 단점은 무엇인가요?"

-

이제 매너로 말하자

'작은 차이가 명품을 만든다.'는 광고카피가 유행한 적이 있다. 그리고 지금도 많은 이들이 그 말에 공감하고 있다. 대인관계나 사회활동 중에 매너 있게 행동하는 사람은 누구에게나 호감을 주게 마련이며, 사회적 지위에 관계없이 자신의 품격을 높여줄 수 있다. 더구나 인간의 감성을 중요시하는 현대사회에서는 학벌이나 지위, 재산의 정도, 업무 능력보다도 사람마다 가진 독특한 습관이나 몸가짐인 매너로서 품성과 역량을 평가받는 시대가 된 것이다.

그러므로 아무리 높은 지위에 올라있다 하더라도 매너 없는 언행은 인격적으로 낮게 평가받게 되고, 오히려 멸시받게 되며 진정한 리더가 될 수도 없다. 우리는 그런 경우를 일상적으로 주위에서 쉽게 경험할 뿐만 아니라 매체를 통해서도 흔히 접하게 된다. 세계적인 명품 브랜드의 코코 샤넬도 "럭셔리의 반대말은 빈곤이 아니라 천박함이다." 라는 어록을 남기지 않았는가? 다시 말해 사회적으로 품격 있는 언행으로 예의를 다하는 매너를 갖춘다면 화려한 명품이나 높은 사회적 지위에 오르지 않더라도 귀족이 될 수 있다는 말이다.

　매너는 상대방에게 폐를 끼치지 않고 불쾌감을 주지 않으며, 상대방을 부끄러운 경지에 몰아넣지 않게 해 호감을 갖게 하는 동양예절의 근본정신과 같은 서양식 예절로서 에티켓과 혼용되기도 한다. 다만 에티켓은 반드시 지켜야 하는 규범으로 지키지 않으면 안 되는 불문율이라면, 매너는 얼마나 세련되고 품위 있는 방식으로 행동하는가를 중요시한다. 예를 들면 인사를 하는 것이 에티켓이라면, 얼마나 정중하게 하느냐는 매너다. 에티켓이 '무엇'에 해당한다면 매너는 '어떻게'라고 하겠다. 지금은 무엇을 하느냐보다 어떻게 하느냐가 중요한 시대다. 그러므로 에티켓만 지키는 것으로는 부족하다. 매너가 있어야 원활한 관계 형성은 물론이고, 사회 속에서 인정받고 자신의 능력을 더 잘 발휘할 수 있다.

필자는 오래전 어느 최고 경영자모임에서 기본적인 비즈니스매너 항목들을 함께 배울 기회가 있었다. 그런데 그때 상당수의 참석자들이 '우리가 지금 이런 거나 배울 수준이냐'며 교육내용에 불만을 나타내고 교육에 제대로 참여하지 않는 태도를 보였다. 하지만 실망스럽게도 그들 중 대부분이 가장 기본적인 인사나 소개, 악수, 명함교환 매너조차 지키지 못하고 있었으며 그 후로도 별로 달라지지 않은 경우를 보게 되었다. 안타까운 모습이다. 조금만 매너상식을 익히고, 습관을 들이다 보면 자신이 먼저 그 놀라운 효과를 체감할 텐데 말이다.

매너는 인간관계의 문을 여는 열쇠가 되고, 더 부드럽고 원활하게 만드는 윤활유로서 작용하기 때문에 관계의 유지와 발전에 매우 중요한 요소가 된다. 특히 다른 부분에서 어떤 불만요소가 발생하더라도 정성껏 매너를 다해 성실하게 대처한다면 긍정적 결과를 가져올 수도 있다. 만약 잘못을 인정하거나 사과를 해야 할 때는 더 진심 어린 매너를 갖춰야 통한다.

그렇다면 우리가 지켜야 할 매너에는 어떤 것들이 있을까? 앞에서 언급한 것처럼 인사와 악수, 소개와 명함수수 매너 등이다. 특히 인사는 인격을 나타내주는 바로미터 같은 요소로 모든 것의 시작과 끝을 알리는 알람과도 같기 때문에 반드시 매너를 갖춰야 한다. 일대일 관계 형성에서 중요한 악수 매너, 이외에도 명함이나 서류 전달, 방향 제시, 안내나 탑승 매너, 테이블 매너 등 여러 가지 상황 매너들도 그 사람의 됨됨이를 면면히 나타내주게 된다.

그리고, 요즈음은 통신 매너도 매우 중요하다. 전화, 문자, 이메일, SNS의 매너다. 직접 대면하지 않기 때문에 자칫 소홀히 대할 수 있지만, 그 파급효과는 측정할 수 없을 만큼 매우 크다. 오히려 대면 매너보다 더 신중하고 성의를 다하는 자세를 가져야 한다. 위급상황을 제외하고는 전화나 문자 등은 상대방을 배려하는 시간대를 고려해 연락하는 것이 기본이다. 인사말을 잊지 말고, 간략하지만 육하원칙에 의해 상대방이 궁금해 하지 않도록 용건을 먼저 알리는 것은 기본이다. 이메일을 보낼 때도 자신의 아이디는 정확하게 이름을 명시해야 하며, 제목이나 첨부파일명에는 핵심주제어가 들어가 있어야 하며, 간단하게나마 내용을 적어 보내는 것이 좋다. 더구나 다수에게까지 공개되는 소셜네트워크 매너는 언제 어디서, 어떤 부메랑이 되어 돌아올지도 모른다. 당연한 말이지만, 무심코 올리는 사진 한 장, 글 한줄이라도 소홀히 다뤄서는 안 될 것이며, 얼굴을 모르거나 익명이라고 해서 댓글이나 답글에도 책임질 수 있어야 하겠다.

매너, 당신의 성공과 행복한 삶을 만들기 위해 큰 힘이 된다. 이제 매너로 자신을 말하자.

"퍼스널브랜딩에서 매너의 중요성은 무엇일까요?"

–

"당신은 매너 없는 사람을 보면 어떤 생각이 드나요?"

–

"당신은 상대방의 매너에 불쾌한 적이 있나요? 있다면 어떤 상황이었나요?"

–

"당신이 품격 있는 사람이 되기 위해 갖추어야 할 매너에는 어떤 것들이 있을까요?"

–

"당신에게 가장 부족한 매너는 어떤 것이라 생각하나요?"

−

"당신이 매너 있는 행동을 했을 때 다른 사람은 어떤 반응을 보일 것

이라고 생각하나요?"

−

공감과 설득의 감성스피치

"아무리 새롭고 신선한 아이디어를 가졌더라도 효과적으로 설명하지 못하면 쓸모가 없다"는 그레고리 번즈 박사의 말은 표현과 설득의 힘이 얼마나 중요한가를 나타내준다. 즉 자신이 가진 정보나 경험, 생각 등을 상대방에게 전달한 후 정확하게 받아들여지게 되거나 자신이 원하는 방향으로 동의를 얻어 만족할 만한 의사결정을 이끌어낼 수 있는 커뮤니케이션 능력을 말한다. 특히 이러한 스피치커뮤니케이션 능력은 다양한 역할을 수행하며 서로 소통해 나가고 원만한 사회활동을 하기 위해 현대인이 갖춰야 할 개인적 필수역량이 됐다.

그런데 이와는 반대의 결과를 가져오는 나쁜 스피치로 상대방의 마음을 움직일 수 없어 난처한 상황이 되거나 곤경에 처하기도 한다. 바로 자신감이 부족하거나 신뢰감을 주지 못해 전달력까지 떨어지는 경우가 그렇다. 다시 말해 자신의 사고를 당당하고 설득력 있게 표현해 내지 못하면 공감을 얻을 수 없게 돼 의도한 계획이나 목표도 허사가 되고 만다.

그러므로 스피치는 자신의 인격과 역량을 나타낼 뿐만 아니라 상대방의 마음을 얻을 수 있도록 감동을 줄 수 있는 전략이 있어야 하겠다. 그렇다면 좋은 스피치 전략에는 어떤 것들이 있을까? 필자가 제시하는 다음 세 가지 내용을 잘 준비해서 실행해 보길 바란다.

첫째, 내가 하고 싶은 말보다 상대방이 듣고 싶어 하는 말이 무엇인지 질문하고 파악하라. 그리고 나도 함께 공감하고 있다는 확신을 주면서 그의 특성과 감성에 호소해야 한다. 일방적으로 내가 할 말만 하면 상대방은 저항감과 반감이 생기기 쉽고, 수용하기 어려워진다.

둘째, 말하고자 하는 내용에 맞는 느낌과 흐름을 결정하라. 어떤 컬러와 속도로 할 것인지에 따라 목소리 톤과 성량, 즉 높낮이와 크기를 맞춰야 한다. 대상이나 장소, 목적에 맞아야 하고, 평소 자신의 어조나 분위기에 잘 어울리도록 자연스럽게 하는 것이 좋다.

셋째, 자신감 있는 시선처리와 여유 있는 표정으로 간결한 주장과 긍정적 표현을 하라. 너무 주관적이거나 생소하다는 인상을 주지 않도록 객관성을 뒷받침하는 적절한 근거나 수치를 사용해도 좋다. 또 부정적인 상황이라도 희망을 줄 수 있는 대안을 말하면 효과적이다.

그런데 이렇게 좋은 스피치 전략을 적용하기 위해서 반드시 갖춰져야 할 선행요소가 있는데, 그것은 호흡과 발성 그리고 발음이다. 이 기본적인 요소인 충분한 호흡, 효과적 발성, 정확한 발음은 꾸준한 노력으로 익숙해져야 가능하다. 아래 사항을 반복해서 연습해보자.

먼저 척추를 곧게 편 바른 자세에서 충분한 복식호흡으로 발성준비를 한다. 자세가 구부러지거나 비뚤어지지 않도록 하고, 턱을 내밀어 들거나 숙이지 않도록 한다. 그리고 아랫배에 힘을 주면서 심호흡을 해서 폐에 최대한 공기를 많이 불어 넣어야 좋은 발성을 할 수 있다.

다음은 성대를 크게 열어주고 호흡으로 밀어내 발성한 후 그 소리가 머리까지 울리고, 입 밖으로 내뱉듯이 소리를 낸다. 목의 후두 안에 있는 성대에서 시작된 소리가 인두를 지나 이마까지 뚫려있는 코 곁굴 전체에서 공명할 때 깊고 신뢰감 있는 좋은 목소리가 나온다.

끝으로 정확한 발음을 위해 얼굴과 입술, 혀 근육을 스트레칭하고 긴장을 풀어준다. 그리고 리듬과 억양, 고저장단을 살릴 수 있도록 다양한 원고를 여러 번 읽는 연습을 한다. 이때 반드시 녹음이나 동영상 촬영을 반복해 단점을 기록해 보고, 수정해 보자. 점점 더 다듬어지고 발전하게 되면 사람의 마음을 사로잡는 감성스피치, 당신도 자신 있게 할 수 있다.

★ 신은희 멘토의 감성코칭 ★

"효과적인 스피치는 어떤 효과를 가져올까요?"

-

"효과적인 스피치를 위해서 갖추어야 할 요소들에는 어떤 것들이 있

을까요?"

-

"당신이 스피치에서 가장 어려움을 겪는 문제는 무엇인가요?"

-

"상대방을 설득하고 공감을 불러오기 위해 당신은 어떤 스피치를 준

비할 계획인가요?"

-

"좋은 스피치를 위해 지금부터 당신은 어떤 노력을 해나갈 건가요?"

–

호감을 주는 자기소개

'무엇으로 어필할 것인가?', '어떻게 받아들여지길 원하는가?'를 중요하게 고려해야 될 때가 있다. 바로 자기소개가 필요한 상황에서다.

사회 속에서 살아가다 보면 언제, 어디서든 자신을 소개하게 될 경우가 아주 많다. 회사에 입사하기 위한 취업면접은 물론이고, 공식적인 업무와 관련된 현장에서나, 잘 아는 사람들과의 친목모임 또는 회식자리, 그리고 여느 조직에서 처음 만난 사람들에게 하게 되는 인사 등 상대방에게 자신이 누구인지 알려야 할 상황이 생각보다 빈번하게 일어난다.

그런데 어떤 곳에서든지 아무 거리낌 없이 자신에 대해 소개하고 스스럼없이 다가가는 데에 별 어려움을 못 느끼는 사람도 있겠지만, 대부분의 경우에는 그렇지 못하다. 자신에 대해 무엇을 어떻게 소개해야 할지 몰라서 걱정하다가도 뚜렷한 준비를 하지 못해 어디서나 적당히 얼버무리고 나서 후회를 하곤 한다. 또 상황에 맞지 않은 자기소개로 인해 오히려 상대방이나 모임이 어색해지거나 자신의 이미지 관리에 부정적 결과를 초래하기도 한다. 그리고 충분히 준비했다고 해도 자신의 차례가 다가올 때면 가슴이 두근거려 숨이 가빠지고, 입에 침이 마르기도 하며, 머릿속이 하얗게 변해 목소리마저 떨린다는 사람들도 많다.

이렇게 자신조차도 마음에 안 드는 '자기소개'로 고민해 본 적이 있는가? 이제 당당하면서도 호감을 주는 자기소개로 자신감을 얻으며 편안해지고 싶지 않은가?

그렇다면 필자가 제안하는 다음 방법들을 적용해 보자. 이는 스스로 브랜드 가치(value)를 높이기 위한 전략으로 자신의 장점과 역량

을 상황에 잘 연결시켜 상품화하는 퍼스널브랜딩(Personal Branding)효
과를 가져 올 수 있다. 즉 소비자가 기업의 상품이나 브랜드의 이미지
를 찾고 의미를 부여하듯이 자신의 정체성을 확립해 셀프 콘셉트(Self-
Concept)를 결정하고 동기화하는 것이다. 그러므로 오랜 기간 동안 반
복된 연습을 통해 꼭 성공하길 바란다.

첫째, 자신의 키워드를 만들어라. 키워드(key word)는 자신을 잘 나
타낼 수 있는 강점이나 매력 포인트를 찾아 표현하는 것이 중요하다.
그 한마디로 자신을 어필하고 자신의 정체성을 정의할 수 있어야 한
다. 다른 사람들과 차별화된 것으로 개성을 나타내면 더 좋다.

둘째, 셀링포인트를 살려라. 셀링포인트(selling point)란 내구성, 디자
인, 안전성, 고품질, 저가격 등 판매할 상품의 강조점을 말한다. 즉 자
신을 상품에 비유하자면 업무 역량과 기질적 성향, 특히 자신 있는 부
분을 잘 표현할 수 있도록 키워드를 돋보이게 해야 한다.

셋째, 상황에 맞게 다가가라. 아무리 멋진 소개를 하더라도 그 시간
이나 장소, 역할에 적합한 자기소개가 아니라면 자칫 소개받는 사람
들을 당황케 할 수도 있고 비호감이 되기도 한다. 자연스러우면서도

확실한 콘셉트로 그 상황이나 역할에 잘 어울리도록 해야 한다.

넷째, 이미지메이킹으로 메시지를 보여줘라. 표정이나 용모, 복장, 자세와 인사, 대화 등의 요소들을 상황과 역할에 맞게 이미지메이킹 해야 더 효과적으로 메시지가 전달된다.

다섯째, 매너 있게 행동해 브랜드 가치를 높여라. 작은 차이가 명품을 만든다. 매너 있는 사람은 누구에게나 호감을 주기 마련이며, 사회적 지위에 관계없이 귀족이 될 수도 있다.

여섯째, 감성스피치로 완성하라. 많은 말에 능숙한 달변가일 필요는 없다. 다소 어눌하고 짧을지라도 감성적 의사전달이라면 공감과 소통으로 감동과 설득을 불러일으킬 수 있다.

✳ 신은희 멘토의 감성코칭 ✳

"당신은 지금까지 자신을 소개할 때 어떤 멘트를 사용했었나요?"

\-

"당신은 자신을 소개하기 위한 키워드에 어떤 것들이 있다고 생각하나요?"

\-

"앞으로 당신을 소개할 때 가장 강조하고 싶은 것은 무엇인가요?"

\-

"당신은 호감을 주는 소개를 위해 무엇을 준비해야 할까요?"

\-

혁신적 회의 만들기

"답답하다", "지루하다", "시간 낭비다", "스트레스다", "형식적이
다" 이런 단어들에서 공통적으로 떠올릴 수 있는 것이 '회의'라면 어
떻겠는가? 매일 업무시간의 일정 부분, 심지어 전체 40%가량의 시간
을 회의로 보내기도 한다는데…… 회의란 조직구성원들의 참여로 의
견과 정보교환을 통해 최선의 시책을 강구하는 것으로 없어서는 안
되기도 하다. 그런 의미에서 단순히 몇몇 사람의 의견발표나 상사의
명령, 정보 전달만을 목적으로 소집되는 것은 회의가 아니다. 하지만
많은 조직에서 이러한 잘못된 방식으로 회의 진행을 반복하고 있기

때문에 대부분의 '회의(會議)'가 '회의(懷疑)'를 불러오게 되는 것이 아니겠는가?

이런 회의에 대해 "시원하다", "재미있다", "필요하다", "해야 한다" 등의 느낌을 갖게 할 수는 없을까? 최근에는 비효율적인 회의방식 개선을 위해 전자회의나 SNS 회의도 시도하지만, 장소와 형태만 바뀌었을 뿐, 그 진행방법은 여전히 달라지지 않는 것이 가장 큰 문제다. 그러므로 이제 회의 진행도 차별화한다면 남다른 역량이 될 수 있다. 참신한 아이디어로 시작해 바람직한 결론을 이끌어내고 공감과 신뢰를 얻는다면 성공적인 퍼스널브랜딩이 된다.

보통 회의의 목적이나 주제는 이미 발생한 문제해결이 대부분이다. 더구나 새로운 방안을 찾기보다 이미 지난 사례발췌나 재탕이 많아 공감과 설득력이 떨어지고 생색내기용이나 습관적 요식행위 같은 행사로 진행되는 경우도 많다. 그래서 뚜렷한 회의 성과가 없고, 굳이 회의를 해야 하는지에 대한 의문으로 불필요하게까지 여겨진다. 그러므로 기존과는 다른 진행방식으로 과감히 혁신해야 한다. 그렇다면 차별화된 회의, 남다른 진행방법은 무엇일까?

자! 그러면 필자가 제시하는 혁신적 회의를 만들기 위한 다음 필수 조건들을 실행해 보자.

첫째, 창의적 문제발견이다. 문제가 되기 이전의 문제를 발견해야 한다는 것이다. 익숙한 사고에서 벗어나 새로운 시각으로 바라보고 생각해야 한다. 창의력은 변화를 인지하는 것에서부터 출발한다. 그래서 감수성과 민첩성은 창의적 문제발견의 시작점이며 호기심과 상상력은 더 많은 창의력을 발휘하게 된다. 도전과 실험 정신으로 능동적, 적극적으로 변화를 일으키며 혁신적, 발전적으로 문제를 발견해내고 해결방안을 찾아야 한다. 창의력이 없으면 수동적이고 소극적인 태도로 관습적이고 고정적인 사고의 틀 안에 갇혀 있게 된다.

둘째, 논리적 문제도출과 문제해결이다. 발견된 문제를 신뢰성과 타당성 있게 추론해나갈 수 있는 능력을 키워야 한다. 누구나 이해 가능하도록 문제를 도출해내고, 해결해 나가는 방법을 객관적으로 찾아야 한다. 그래야 실행 가능성을 높이기 위한 전략적 문제해결단계로 이어갈 수 있다. 적어도 서론과 본론, 결론 또는 원인과 과정, 결과가 명확해야 한다.

셋째, 전략적 문제해결이다. 수용 가능성과 성공 가능성에 대한 것이다, 즉 창의적 문제발견과 논리적 문제도출 및 해결방안에 대해 어떻게 구성원들에게 공감을 얻어내고 설득할 것인가가 회의를 통한 문제해결의 관건이다. 여기서 권위나 권력을 이용해 일방적인 전달과 명령형식을 남용한다면 오히려 비협조적이거나 반발과 저항을 불러일으켜 실패하기 쉽다.

그리고 이 회의의 진행방식을 브레인스토밍(brainstorming)보다 브레인라이팅(brainwriting)하자. 회의 중, 모든 사람이 자유롭게 생각을 발언하기에는 제한적 여건이 많다. 그래서 늘 몇몇 사람의 발언 위주로 결론지어지는데, 이는 더 많은 발전적, 창의적 아이디어 발견기회를 놓치게 한다. 모든 참석자들이 자신의 생각을 미리 적어오거나 회의 중 그 주제에 대해 자신의 의견을 직접 쓰도록 해 서로 비교해 보고 협의와 협조를 구하자. 매우 긍정적 반응을 얻는 회의가 될 것이다. 이제 답답한 회의는 가라! 새롭고 참신한 혁신적 회의가 시작된다.

✳ 신은희 멘토의 감성코칭 ✳

"당신은 지금까지 회의에 참석하면 주로 어떤 태도로 임해왔나요?

  -

"당신에게 회의는 어떤 의미인가요?"

  -

"당신이 회의에서 얻고자 하는 것이 있다면 무엇인가요?"

  -

"회의를 즐겁고 유익하게 만들고 싶다면 당신은 어떤 방법을 사용할
수 있을까요?"

  -

마음을 얻는 글쓰기

"말로 하기는 쉬운데 글로 쓰기는 어려워요!", "막상 글을 쓰려고 하면 무엇부터 써야 할지 막막해요!", "보고서를 잘 써서 능력을 인정받고 싶어요!" 많은 이들이 이렇게 말한다.

글은 의사소통의 도구다. 그래서 자신의 뜻과 생각을 글로 잘 표현하는 것은 아주 중요하다. 더구나 글은 대면하지 않고도 의견이나 주장이 잘 전달돼야 하며, 직접 얼굴을 보고 대화를 해도 일일이 다 언급하지 못한 내용이나 자료가 될 수 있다. 그래서 글은 읽는 사람의 마음을 움직이고 얻어낼 수 있어야 한다. 그러나 읽힌 후에도 주목받지 못하거나 아예 읽히지도 않으며, 때로 비난을 받을 수도 있다. 그래서 글을 쓰는 것은 쉽지가 않다.

그런데 우리가 살면서 쓰게 되는 글의 종류는 매우 다양하다. 간단한 한 줄 메모부터 일상을 적은 일기나 어떤 상황에 대한 소회처럼 특정한 목적을 갖지 않은 소소한 글도 있다. 특히 일반화된 통신수단의 문자메시지나 다양한 SNS를 통해 굳이 글쓰기라고 인식하지 않으면서 쓰는 글들이 더 많은데 이런 경우, 짧은글로도 그 의미를 잘 전달할 수 있어야 한다.

그런가 하면 시나 수필, 소설 같은 문학적인 글도 있고, 업무보고서나 기안서 같은 기획적인 글도 있으며 조직의 목적이나 이익을 대변하는 글처럼 좀 더 전문적인 글쓰기도 있다.

그래서 '글쓰기는 이것이다'라고 한마디로 정의하거나 일관된 규칙이나 공식을 따르기는 곤란한 것이 사실이다. 하지만, 그럼에도 불구하고 어떤 글에든 적용해 볼 수 있고, 그동안 써 왔던 글들에 자신이 없었거나 특히 글쓰기가 두려운 이들이라도 다음에 제시하는 몇 가지 방법들을 사용해 보자. 생각보다 쉽게 써지고, 사람의 마음을 얻는 글을 쓸 수 있다.

첫째, 생각이 떠오를 때마다 메모하자. 그 낱알 같은 메모들이 글쓰기 재료의 보물창고가 된다. 휴대폰, 수첩, 노트, 컴퓨터, 어디든지 상관없다. 그때그때 스쳐 지나가는 생각이나 단어, 문장 또는 우연히 보거나 책에서 읽은 글귀 등을 자신만의 기록보관함에 적어두면 된다. 자료가 될 만한 것들은 휴대폰 카메라로 사진을 찍어두어도 좋고, 인터넷 기사를 캡처하거나 링크복사를 해서 저장해두면 좋다. 언제든 필요할 때 편하게 꺼내 쓰면 된다.

둘째, 첫 문장을 과감하게 써보자. 글쓰기도 시작이 반이다. 한 문장이라도 머릿속에, 마음속에 있는 생각들을 실제 쓰는 것이 중요하다. 그러면 마치 막혔던 물꼬가 트이듯 술술 써 내려갈 수도 있다. 자신이 없더라도 떠오르는 대로 일단 한 줄이라도 써놓고 보자. 그리고 계속 써가면서 나중에 수정하고 첨삭하면 되므로 잘못 쓸까 봐 미리 걱정할 필요가 없다.

셋째, 제목으로 승부하라. 제목은 글의 얼굴이다. 간결하고도 대표

성을 지니며 흥미로워야 한다. 글자 수는 5 내지 11자 정도로 전체 내용의 핵심을 표현하면서 읽는 이의 관심을 흡입할 수 있어야 성공적이다. 그러나 자칫 무리수를 두면 오히려 알맹이 없는 껍데기가 되거나 제목만 보고 글을 읽은 이들에게 배신감을 줄 수도 있으므로 상당히 신중해야 한다.

넷째, 두괄식으로 시작하고, 구조적으로 완성하라. 첫 단어, 첫 문장, 첫 단락에 가장 중요하게 의도하는 결론이나 이슈를 나타낸 후, 구체적으로 설명해 내려가면 무난하다. 또 인과관계를 명확히 하고, 장단점이나 차이점을 부각시키며, 순서대로 주장을 펼쳐 가면 읽는 이에게 이해를 도와 설득과 공감을 가져올 수 있다.

그리고 좀 더 좋은 글을 쓰고 싶다면 깊은 지식과 폭넓은 안목, 세상을 보는 문제의식이나 확실한 주관을 객관적으로 서술해내는 논리적 구성이 요구된다.

거기에 인간의 두 가지 본성인 이성과 감성이 조화롭게 배합된 글이라면 보다 더 호소력 있게 다가가게 될 것이다.

* 신은희 멘토의 감성코칭 *

"당신이 쓰고 싶은 글이 있다면 어떤 종류의 글인가요?"

\-

"당신에게 글쓰기가 어렵다면 그 이유는 무엇인가요?"

\-

"글쓰기에서 중요하게 여겨야 할 것들이 있다면 무엇일까요?"

\-

"글쓰기를 잘 하기 위해 당신이 해야 할 것들은 무엇일까요?"

\-

감점받지 않는 면접 비법

"면접관 앞에만 가면 긴장이 됩니다", "면접 때마다 실수를 자주 해요", "열심히 답변했는데 왜 자꾸 떨어지는지 모르겠어요"라는 하소연이 많다. 그럴 것이다. 면접장에만 가면 마음대로 조절이 잘 안 되거나 자신은 면접을 잘 봤다고 생각하는데 탈락이 반복되는 경우도 있다. 중요한 것은 면접은 준비도 많이 해야 하지만 무엇보다도 현장에서 실수를 줄여야 한다. 아무리 좋은 이력과 스펙으로 실력과 전문성을 겸비하고 거기에 최상의 이미지메이킹으로 철저한 대비까지 했다고 하더라도 막상 면접장에서 실수를 저질러 감점을 받는다면 얼마나 억울하겠는가? 그야말로 공든 탑이 와르르 무너져버리는 것이다.

뽑아만 주면 무엇이든 다하고, 연봉액수는 얼마가 되든 상관없이 주는 대로 받겠다거나 야근이나 주말근무도 상관없고, 아예 회사에 뼈를 묻겠다고 한다. 그러나 이런 답변들은 면접 시 가장 쉽게 하는 거짓말이며 그렇게 피력한 지원자들은 오히려 이직률이 매우 높다는 통계도 있다. 이제는 이런 답변만으로는 뽑아 줄 면접관도 없으니, 면접에 성공하기는 어렵다.

한 포털 사이트에서 기업의 인사 담당자들을 대상으로 조사한 결과를 보면 피면접자의 태도가 얼마나 중요한지를 알 수 있다. 주의가 산만해 보여서, 자신감이 없어 보여서, 면접에 임하는 태도가 전반적으로 좋지 않아서 지원자를 탈락시킨 경험이 있다는 대답이 74.3%로 나타났다. 그러므로 면접을 보기 위해서 더 잘하려고 많은 부분들을 첨가하기보다는 치명적 결점과 반복되는 실수를 줄이는 것이 더 효율적일 수 있다. 그래서 필자는 면접에서 감점을 받기 쉬운 상황들에 대해 알아보고 실수를 예방하기 위한 방법을 다음과 같이 제시한다.

첫째, 적절한 긴장감을 유지하자. 너무 굳어 있거나 너무 느슨해지지 않도록 하라. 면접장에는 1시간 전쯤 도착하면 좋다. 심호흡과 자신감으로 담대한 마음을 갖고, 그래도 떨린다면 짧은 명상이나 기도가 도움이 된다. 그러나 지나치게 여유 있는 표정이나 말투, 과장이나 허세로 면접관을 압도하지 말아야 한다. 감점대상이다. 약간 긴장한 자세가 바람직하다.

둘째, 답변에 너무 집착하지 말자. 적극적인 태도는 좋지만, 면접관의 지시에 역행하면서까지 과도한 의욕을 보이는 답변도 오히려 감점요인이 된다. 자기주장이 너무 강해 소통이 안 되는 것처럼 여겨질 수 있다. 소신껏 자신 있게 말하되 겸손함을 잃지 말아야 한다.

셋째, 실수는 빨리 잊자. 면접장에서의 실수는 있기 마련이다. 그러나 이미 지나간 것은 빨리 잊고, 그 다음에 최선을 다하라. 그렇지 않으면 전체를 망치게 된다. 면접은 면접장을 들어갈 때부터 나올 때까지 계속되며 실수 후에 어떤 반응을 보이는가도 점수에 영향을 준다.

넷째, 당혹감을 다스리자. 예기치 않은 질문이나 돌발 상황에 잘 대처하라. 자신의 약점을 꼬집어 내거나 압박감을 주는 질문이 이어져도 감정을 조절해 평정심을 유지해야 한다. 과민반응을 보이지 않고 침착함을 잃지 않는 차분한 태도와 안정된 어조로 답변하면 좋다.

다섯째, 습관적으로 나타나는 사소한 버릇을 고치자. 말끝 흐리기, 시선 회피, 다리 떨기, 불필요한 추임새, 한숨 쉬기, 말 더듬기, 다리 꼬기, 머리 긁적이기, 혀 내밀기 등 설마 면접에서 그런 행동을 할 것이라고 생각하지 못하겠지만, 실제 현장에서는 종종 볼 수 있다.

지금 면접을 준비하고 있는가? 그렇다면 긍정적 요소들을 더해가기보다 먼저 이런 부정적 요소들을 제거하자. 설사 오랫동안 길들여져 익숙해진 습관이라도 잘못된 것을 고치겠다는 강한 의지로 연습을 반복하고 꾸준하게 노력해야 한다. 이것이야말로 자신의 가치를 잘 표현하고 인정받을 수 있도록 효과적인 퍼스널브랜딩을 위해서 반드시 요구되는 필수 레시피다.

✳ 신은희 멘토의 감성코칭 ✳

"당신이 생각하는 면접의 의미는 무엇인가요?"

-

"면접에서 가장 중요한 것은 무엇일까요?"

-

"당신이 면접에서 실수했던 것들에는 무엇이 있나요?"

-

"당신이 면접에서 감점받지 않기 위해 지금부터 해야 할 준비나 노력
은 무엇인가요?"

-

'나는 늘 학생이다'라는 생각으로 배우고 깨달으며 살아가야

"배움에는 조건이 없다", "나는 학생일 뿐이었다", "배움은 태어나면서부터 생명이 끝날 때까지 계속되어야 한다"라는 말은 중국의 대문호 왕 멍이 지은 책,《나는 학생이다》에 나오는 구절이다. 그는 어떤 조건에서도 학습할 수 있고, 역경에 처해있을 때가 가장 배우기 좋은 상황이며 '학생'은 나의 신분만이 아니고, 나의 세계관이자 인생관이라고도 했다. 이는 필자의 생각과도 매우 일치하는 개념이다. '나도 학생이다.'

감옥에 갇힌 빠삐용도, 무인도를 표류하던 로빈슨도, 토굴에서 수행하던 노승 또한 스스로 학습과 성장을 거듭했거늘, 사회 속에서 서로 다양한 관계와 교류를 통해 삶을 이루는 현대인이야말로 항상 배우기를 두려워 말고 마음을 열어야 한다. 그 배움의 자세는 바람직한 관계를 맺어 상생의 길로 나가는 소통의 장을 만들기 위해서 가장 먼저 가져야 할 태도다.

　삶은 끊임없이 변화하는 역동적인 환경 속에서 생존과 성장을 거듭해가는 과정이다. 태어나면서부터, 아니 태어나기 이전부터 우리는 무의식 또는 의식적으로 학습을 계속하고, 삶이 다할 때까지 그 학습은 계속된다고 해도 과언이 아니다. 비록 육체적으로 쇠약해져 가고 정신적으로 나약해지기도 하며, 사회적으로 고립되어간다고 할지라도 그 나름대로의 처지에서 학습은 지속되고 있다. 다만 그것을 부정하거나 거부, 또는 망각하는 경우가 있을 뿐이다.

　'꼰대', '고집불통', '독불장군', '안하무인' 같은 표현은 인간관계 속에서 원활한 의사소통이 어려운 대상, 한 마디로 '꽉 막혀 말이 안 통하는 사람'을 일컫는데, 만약 자신이 바로 이런 사람이라면 어떻겠는가? 자신이 가진 편협한 식견에 갇혀 오만과 불통의 아이콘이 돼 있는

데도 불구하고, 그것조차 자신의 대명사처럼 여기며 왜곡된 자존심을 지키려 한다면 불필요한 소외와 낭비가 늘어날 뿐이다. 어쩌면 본인 스스로도 참으로 힘겹고 외로울 터인데, 바라보는 이들은 안타까움을 금할 길 없다.

예를 들면, 직장에서 후배들의 지식과 생각을 무시하고, 자신의 경험에서 축적된 업무기술만을 강요하는 문화가 그렇다. 또 조직에서는 구성원들의 서로 다른 주장을 들으며 미처 생각지 못한 부분들을 보완하고 대책을 강구하기보다는 일방적인 통보이기 일쑤다. 하물며 '최고의 학생'들이 모인다고 할 수 있는 학회에서도, 연구자나 발표자들의 의도와 견해를 통해 새로운 것을 배우기보다 자신의 학문의 잣대에 기대어 비판부터 하려 하고, 오히려 무시하는 학자들도 종종 볼 수 있다. 모두들 자신은 선생이고자 한다. 가르치려고 안달이다.

'사고가 개방적이다', '마음이 너그럽다', '이해심이 넓다' 등은 '말이 잘 통한다'고 할 수 있는 사람에게 어울리는 표현이다. 점점 어려워지는 인간관계와 복잡해지는 의사소통, 그 중요성이 더 강해질수록 먼저 자신을 낮추고 상대를 존중하는 자세가 필요하다.

부모는 자식에게, 남편은 아내에게, 아내는 남편에게, 친구는 친구에게, 선배는 후배에게, 교수는 학생에게, 사장은 직원에게, 회장은 회원에게, 정치가는 유권자에게 배우기를 멈추지 말아야 한다. 그들에게서 배우겠다는 태도를 그만두고 지배하려 한다면, 관계와 소통을 이뤄야 할 대상과의 장벽은 높아만 갈 것이고, 마음의 거리는 점점 멀어져 그 본연의 역할을 제대로 수행할 수 없게 될 것이다. 서로에게 불행한 결과를 초래하기 쉽다.

우리는 어제도 오늘도, 그리고 내일도 여전히 학생이다. 우리는 만물을 관장하는 신이 아니며, 진리를 깨달은 부처도 아닌 인간이다. 조금 더 배웠고, 조금 더 가졌다 한들, 신이나 부처가 바라본다면 그것이 얼마나 큰 차이일까? '나는 늘 학생이다'라는 생각으로 살아가자. 그리고 이미 가득 차버린 이성에 잃어버린 감성을 되찾아 조화를 이루어 균형을 잡자. 그래서 공감하고 소통하며 살아가보자. 잔잔한 감성의 바다에서 아름답게 반짝이는 윤슬 같은 감정으로……